les Arpents sur le sentier de la guerre

Castor Poche
Collection animée par
François Faucher et Martine Lang

Titre original :

ON THE WARPATH AT FORTY-FIVE ACRES

Une production de l'Atelier du Père Castor

ALAN WILDSMITH

les Arpents sur le sentier de la guerre

traduit de l'anglais (États-Unis) par
ROSE-MARIE VASSALLO

illustrations de
YVES BEAUJARD

Castor Poche Flammarion

Alan Wildsmith, l'auteur, sa femme et leurs quatre enfants, ont vécu plusieurs années au Canada, où se situe cette histoire. Depuis 1970, ils habitent tous les six dans un village près de Cambridge, en Angleterre.

« La journée, je suis ingénieur dans une usine d'électronique, et durant mes temps libres, j'écris des histoires... J'avais environ 18 ans quand j'ai commencé à écrire et avec les années, le plaisir que j'y trouve s'est enrichi. Les thèmes de mes livres sont tirés de ma propre expérience. Il est facile d'imaginer une foule d'histoires différentes, mais seules quelques-unes sont assez fortes pour me faire asseoir et m'inciter à écrire. Je souhaite que mes histoires puissent aider les lecteurs à découvrir les richesses qu'ils portent cachées en eux-mêmes. »

Du même auteur traduits en français :
Un été aux Arpents, Castor Poche nº 10
Un hiver aux Arpents, Castor Poche nº 21

Rose-Marie Vassallo, la traductrice :

« Drôle de métier que celui de traduire – passionnant, envahissant, artisanat et alchimie, communication et solitude... Heureusement, pour équilibrer, il y a la vraie vie : dans mon cas, le chien et le chat, les amis, les enfants, le mari – passionnants, envahissants, artisanat et alchimie, communication et... rêve de solitude. »

Yves Beaujard, l'illustrateur, a vécu pendant dix ans aux Etats-Unis où il a gravé timbres-poste, billets de banque et portraits officiels des présidents des Etats-Unis. Il partage ses activités graphiques entre l'illustration et la gravure.

Les Arpents sur le sentier de la guerre
Tout le monde n'est pas d'accord sur le tracé de l'autoroute qui vient d'être mise en chantier. Les uns sont pour, les autres sont contre, chacun jugeant d'abord selon son intérêt personnel. Mais John Clancy, qui suit la discussion des adultes avec le point de vue de ses douze ans, trouve qu'il est trop peu question, dans l'affaire, de ses amis les Indiens et de leurs érables à sucre. Il faut aider les Ojibwas, ces Indiens de la tribu de Joe (qui fait presque partie de la famille), à défendre leurs droits.

Pour ou contre l'autoroute ? La campagne démarrait assez paisiblement, mais voilà qu'un garnement, un camarade de classe de John, décide de forcer un peu trop le cours des choses...

1. Le Pousse-Coude

C'était un matin, très tôt. Nous attendions, au bord de la route, l'arrivée du car qui nous conduirait en classe. David s'amusait à lancer des pierres dans la forêt de pins et Paula se balançait contre la clôture au rythme de la rengaine qu'elle fredonnait sans trêve, tout en gardant l'œil sur Anne qui sautillait dans l'herbe du remblai.

David est l'aîné; moi, je viens ensuite, devant Paula qui me talonne. Anne est la petite dernière. C'est le bébé de la famille, elle ne va encore à l'école que le matin – autant dire que ça ne compte pas. David, lui, n'a plus qu'une année d'école : il peut donc déjà commencer à dire ouf; quant à Paula, elle aime l'école, donc elle ne compte pas non plus. Si bien que je me retrouve tout seul, tout seul avec mon horreur de la classe, et encore trois années (au moins) à tirer...

Des visions de prisons et de geôliers m'amenaient à songer au Pousse-Coude. C'est notre professeur principal et c'est aussi notre prof de maths, ces maths qui ne sont pas ma matière préférée.

Ma mine devait trahir ces réflexions moroses, car Paula, se détournant d'Anne, m'interpella :

– Eh bien? pauvre martyr! Quelque chose qui ne va pas?

– Crois-tu que tu aurais le cœur à rire, toi, si tu avais le Pousse-Coude comme professeur principal? Attends un peu d'être à l'an prochain, tu ne chanteras plus tous les jours!

Mais Paula me rit au nez.

– Sais-tu à qui tu ressembles? A David, dans ses mauvais jours! Tu devrais te réjouir, pourtant : plus que quelques petits mois chez le Pousse-Coude, et tu passes dans la classe au-dessus. Et à partir de ce moment-là, fini le Pousse-Coude, fini pour toujours!

– Facile à dire. Seulement, ce n'est pas gagné. Il fera tout pour me mettre des bâtons dans les roues. Il me fera redoubler, tu verras. Je te parie que j'aurai des cheveux blancs avant qu'il accepte de me relâcher.

Paula secoua la tête :

– Tu es aussi bête que David! Vous ne voulez même pas faire l'effort d'essayer d'aimer l'école. Je t'assure que si tu le voulais vraiment tu n'aurais pas de mal à passer dans la classe au-dessus, et tu n'aurais aucune raison de ronchonner... Mais je crois bien que les garçons adorent avoir des raisons de ronchonner.

– Hé! moi, je ne ronchonne pas! protesta David à ce moment-là.

Je les laissai à leurs démêlés pour rejoindre Anne qui continuait à faire des bonds comme un petit lapin tout rond. Et hop! En riant, je la pris par la main et me lançai dans sa ronde en reprenant la chanson là où Paula l'avait laissée.

Quelques minutes passèrent et, lorsque le car surgit, la matinée était déjà radieuse. Je revois ce ciel d'un bleu limpide, au-dessus du vert sombre des pins et, sur cet arrière-plan, le rectangle jaune du car qui s'avançait vers nous dans un nuage de poussière de gravier.

Avant même qu'il s'arrête, j'avais reconnu le conducteur. C'était Danny, le chauffeur que je préfère, parce qu'il est toujours plein d'entrain. Les portières s'ouvrirent dans un sifflement et les échos de la radio locale nous remplirent les oreilles.

– Salut, les enfants! Alors, ça va, le ranch?

– Salut, Danny! dis-je en hissant Anne, pour qui le marchepied est trop haut. Le ranch va bien, merci.

En réalité, nous n'habitons pas un ranch, mais Danny aime bien l'appeler comme ça. Nos parents ont un domaine de quelques arpents au milieu d'une forêt de pins, et c'est ainsi que nous appelons l'endroit : les Arpents.

C'est l'été dernier que nous avons quitté la ville pour venir nous installer dans cette vieille ferme, que nous avons entrepris de transformer en une exploitation agricole moderne – et modeste. Le terrain est truffé d'arbres et de gros rochers. Il y a aussi un cours d'eau, une haute crête rocheuse qui fait le gros dos en travers du terrain et une vieille cabane de rondins datant de l'époque des pionniers, nichée dans une brèche entre deux blocs de roche.

Cette cabane, c'est Joe qui l'habite désormais, Joe l'Indien qui est notre ami et qui travaille avec Papa sur l'exploitation. Il nous a quittés pour quelques jours, en ce moment, le temps d'aller rendre visite à sa famille, dans sa réserve de la baie Géorgienne. Joe est un Indien ojibwa. Il a quelques années de plus que David...

Songer ainsi à Joe, à la cabane, à notre domaine écartait de mon esprit toute idée d'école. Je me laissais aller à regarder les arbres qui défilaient par à-coups devant la vitre du car, en guettant l'apparition improbable d'un cerf. L'autoradio nous régalait de musique joyeuse, la voix de l'animateur débordait d'optimisme. A ce moment de la journée, il était facile de voir la vie en rose.

Douze ou treize kilomètres plus loin se trouvait l'arrêt suivant. Encore une exploitation agricole, mais une vraie, celle-là. Deux cent trente-cinq hectares de pâturages, garnis de vaches laitières – nous sommes payés pour le savoir, Melvin nous le répète assez souvent! Melvin est un rouquin au teint brouillé et je lui ai dit un jour que c'était parce qu'il buvait trop de lait. N'empêche que tout ce lait ne lui réussit tout de même pas trop mal (son teint mis à part), car il est bougrement plus grand que moi bien que nous ayons le même âge.

Nous approchions de la ville et le car, d'arrêt en arrêt, se remplissait. Il me tardait de retrouver Tigger. La voix de l'animateur de l'émission matinale et la musique entraînante étaient à présent complètement noyées sous le flot des salutations et des appels qui s'entrecroisaient.

– Ah! merci, John! me dit Tigger en se coulant sur le siège que je lui avais réservé.

Chacun entreprit de raconter en détail à l'autre les menus événements du week-end, tandis que montaient à bord plusieurs camarades, que le vacarme s'élevait encore de quelques décibels et que se relâchait en moi toute crispation hargneuse envers l'école et le Pousse-Coude.

Nous étions installés à l'avant et c'était là sans doute que le tumulte était le plus assourdissant : Tigger n'entendait pas un mot de ce que j'essayais de lui dire; il ne savait que rire à belles dents et hocher la tête, l'air impuissant. Pour finir, j'empoignai mon cartable, en sortis un cahier et inscrivis sur le dos la blague dont je voulais lui faire part. Connaissait-il celle du Terre-Neuvien qui voulait faire du ski nautique, mais qui avait dû y renoncer, faute d'avoir trouvé un lac en pente ?

Tigger éclata de rire et se dépêcha, par écrit, de faire match nul avec une histoire de Terre-Neuvien meilleure encore.

C'était beaucoup plus drôle que de jouer au morpion ou à la bataille navale, et bientôt le dos de mon cahier fut recouvert d'histoires de Terre-Neuviens toutes plus savoureuses les unes que les autres. Mais justement, nous étions arrivés.

Danny immobilisa son véhicule au premier arrêt, celui de la petite école. Anne me passa sous le nez sans m'accorder un regard, tout émoustillée de se retrouver avec ses amis, et bien trop occupée pour consacrer un quart de seconde à son frère préféré.

Le collège est un peu plus loin, dans la même rue, à quelque deux cents mètres. Déjà je le voyais, tout neuf et rutilant, ce bâtiment maudit aux immenses baies étincelantes. Nous étions arrivés. Le Pousse-Coude, dans sa salle de classe, devait être en train de s'aiguiser les dents sur le taille-crayon électrique, ses yeux de vautour guettant, à l'affût, l'apparition de sa proie innocente : le jeune John Clancy.

– Hé! Tigger! Psitt, psitt! Tigger...

L'après-midi tirait à sa fin, et avec lui la journée d'école. La matinée avait passé vite, presque tout entière dans le laboratoire de sciences. Mais il restait encore cette heure-ci – un cours de français – et ensuite une heure de maths; deux disciplines, malheureusement, où nous retrouvions le Pousse-Coude.

Nous étions pour l'heure en pleine interro de français, et je séchais lamentablement. Un coup d'œil circulaire pour vérifier si d'autres partageaient mon tourment, mais toutes les têtes étaient baissées. Je constatai pourtant que Melvin fronçait le sourcil. Peut-être peinait-il, lui aussi?

Je jetai un coup d'œil sur Tigger, à deux rangées de mon bureau. Il écrivait toujours, fébrile. C'est lui le meilleur de la classe en français. Une deuxième fois, je tentai d'attirer son attention.

– Psitt! Tigger! Hé! Tigger!

J'avais chuchoté plus fort et je le vis enfin regarder dans ma direction, en même temps, hélas, que le funeste Pousse-Coude, juste comme j'appelais une troisième fois.

Pousse-Coude, décidément, devait avoir des radars aux oreilles! Mon bureau est presque au fond de la classe et lui était assis à l'autre bout, à des

kilomètres, devant le tableau. Et voilà qu'il me toisait de loin, par-dessus ses lunettes, son long nez pointé dans ma direction.

– Voyons, Clancy, ne soyez pas si timide! s'écria-t-il. Répétez-nous bien haut ce que vous disiez, afin que chacun en profite. Vous avez terminé l'exercice, bien sûr?

– Euh... non. Justement, j'en suis à la question 13, et je... je ne sais pas y répondre.

– Lisez-la tout haut, s'il vous plaît.

Le reste de la classe, visiblement, était

ravi de l'intermède. Tous se retinrent de rire lorsque je lus la question à haute voix.

– Et alors? Où est la difficulté? demanda le Pousse-Coude d'une voix sèche. Le problème, Clancy, je vais vous le dire : c'est que vous n'avez pas étudié votre français pendant le week-end.

– C'est la faute des cochons, m'sieur! coupa Melvin. Chez lui, Clancy s'occupe des cochons, et ils ne sont pas très doués pour le français.

Je le foudroyai du regard, mais Pousse-Coude parut ignorer le commentaire

et se tourna vers le reste de la classe.
– Quelqu'un d'autre a-t-il une difficulté quelconque avec cette question? demanda-t-il.

Personne ne répondit.

– Vous semblez bien être le seul, Clancy, reprit-il. Laissez cette question et passez aux suivantes.

Je me débattis avec les questions suivantes, mais je n'avais plus l'esprit à mon travail. Il était trop occupé à imaginer Melvin grillant à petit feu dans quelque bain de friture...

Pousse-Coude ramassa les copies et nous accorda quelques minutes de récréation avant de passer au dernier cours de la journée. Par prudence, j'ouvris mon livre, pour le cas où nous aurions, là encore, une interrogation écrite. Il n'en fut rien, mais je ne devais pas pour autant être à l'abri de la catastrophe... Pourtant, jusqu'aux dix dernières minutes, tout s'était anormalement bien passé. J'en étais moi-même étonné, me demandant par quel miracle j'avais pu traverser une heure de mathématiques sans accrochage avec le Pousse-

Coude... J'aurais bien dû me douter...

Il déambulait entre les rangs, comme d'habitude, s'arrêtant ici et là pour jeter par-dessus nos épaules quelques regards inquisiteurs, tandis que nous nous penchions sur les problèmes qu'il venait de nous donner. Il s'arrêta soudain derrière moi et allongea le bras pour s'emparer de mon cahier – celui sur lequel j'avais griffonné toutes les blagues sur les Terre-Neuviens le matin même.

– Qu'est-ce qu'un Terre-Neuvien, Clancy?

– Un habitant de Terre-Neuve, monsieur.

– Et croyez-vous qu'un habitant de Terre-Neuve soit moins pourvu de bon sens que, disons, un habitant de l'Ontario ou du Québec, ou d'une autre province?

– Euh... non, monsieur, je pense que non...

– Hum, hum! Vous pensez que non. Alors pouvez-vous m'expliquer pourquoi toutes ces histoires idiotes, ici, ont pour thème l'insondable sottise d'un Terre-Neuvien?

Je haussai les épaules, ne sachant que

répondre, tout en toisant Melvin qui buvait du petit lait de me voir enfin sur la sellette.

– Ce ne sont que des histoires, dis-je en guise d'excuse. Elles ne font de mal à personne.

– Cela dépend à qui, Clancy, dit-il. Quand toute une partie de la population est mise à part pour devenir en bloc l'objet d'une injustice, cela ne peut manquer de faire souffrir quelqu'un. Et en l'occurrence, Clancy, c'est vous qui allez souffrir. Vous me copierez deux cents fois la phrase suivante : « Je ne dois pas écrire de plaisanteries sur mon cahier de mathématiques », et deux cents fois également cette autre phrase : « Je ne dois pas faire de discrimination injuste. »

Ce petit intermède nous avait conduits à la fin de la dernière heure. Avec un énorme soupir de soulagement, je rassemblai livres et cahiers et me dirigeai vers la sortie, impatient de retrouver l'air libre et les grands espaces.

Je passais devant le bureau du Pousse-Coude lorsqu'il m'interpella. Je m'arrêtai sur place, en me demandant ce que j'avais bien pu faire encore de répréhensible.

– Avez-vous un atlas, chez vous, Clancy? me demanda-t-il.

– Oui, monsieur.

– Alors, cherchez-y Saint-Jean. C'est ma ville natale.

– Oui, monsieur. Bonsoir, monsieur, dis-je en m'éclipsant dans le couloir.

Eh bien, finalement, je m'en tirais à bon compte (et je ne pouvais retenir, intérieurement, un petit sifflement de soulagement rétrospectif); nul besoin d'aller chercher dans un atlas : Saint-Jean, tout le monde sait où cela se trouve – c'est de là que part l'autoroute transcanadienne, à l'extrême pointe de Terre-Neuve.

Mes histoires terre-neuviennes me mettaient mal à l'aise, à présent; je sentais qu'involontairement j'avais fait du mal, avec elles... Oh! en théorie seulement, et probablement pas au Pousse-Coude. Il devait être la dernière personne au monde à se sentir visé par quelques vieilles blagues éventées. D'autant plus, il le savait, que j'ignorais qu'il était originaire de Terre-Neuve. Tous les Terre-Neuviens que j'avais rencontrés étaient du genre à prendre les choses du bon côté, et ils étaient les premiers à rire des plaisanteries qui circulaient sur leur compte. A tel point que c'était à se demander si les meilleures de ces blagues n'avaient pas été inventées à Terre-Neuve même! Alors je ne voyais vraiment pas pourquoi le Pousse-Coude avait pris la chose d'aussi haut... Mystère ou non, une chose était certaine : j'avais quatre cents lignes à faire. Et quand j'eus enfin terminé, il était sept heures passées.

2. Une étrange requête

Je me levai de mon bureau pour m'étirer longuement. Mon gros orteil lui-même avait la crampe de l'écrivain, je le constatai tout en boitillant vers la fenêtre de ma chambre. Dehors, le soir tombait. Et j'oubliai d'un coup crampes et rancœurs en regardant jouer les derniers rayons du soleil qui rasaient la crête rocheuse. Les petits grains de quartz enchâssés dans la roche renvoyaient les derniers reflets comme autant d'étincelles, voulant retenir ces rayons précieux entre tous. Depuis mon poste d'observation, je pouvais voir cette arête rocheuse qui s'élève dans notre terrain et le traverse presque en ligne droite; du côté de l'est, elle s'interrompt brusquement (et c'est dans cette brèche qu'est bâtie la cabane), pour renaître immédiatement et repartir à travers les arbres. Un peu plus loin, de nouveau, une entaille : c'est là que passe le ruisseau. Mais l'échine de rochers reprend aussitôt, plus haute que jamais, pour s'enfoncer dans la forêt de pins, où elle court encore sur des kilomètres.

L'hiver avait été sévère et, dans le jour finissant, je distinguais encore çà et là, sur les hauteurs, des plaques de neige gelée. Cependant la plus grande partie avait fondu, et je me disais qu'avec quelques jours aussi beaux que celui-ci, tout en chaud soleil et en ciel bleu, il n'y en aurait plus pour longtemps avant de tout voir reverdir.

Je regardais dans le vague, du côté des arbres, perdu dans mon rêve de vacances d'été, lorsque je remarquai soudain qu'une lumière brillait entre les troncs. La fenêtre de la cabane! Je me ruai vers le rez-de-chaussée comme un boulet de canon.

– Hé! tout le monde, grande nouvelle! criai-je en sautant les quatre dernières marches. Joe est de retour!

– Va donc lui dire de venir dîner avec nous, dit Maman. J'imagine qu'il doit avoir faim.

Le jour était tombé très vite, et l'air avait fraîchi brusquement. Un halo laiteux encerclait la lune qui luisait glaciale au-dessus des arbres, à côté de la cabane. Je frappai à la porte et attendis.

– Entrez! me répondit une voix étouffée.

Joe, debout près du feu, le torse nu, était en train de se frictionner énergiquement la tête, drapé dans une immense serviette.

– Salut, Joe! On est bien contents que tu sois revenu.

La serviette se souleva un peu, le nez et les yeux de Joe apparurent.

– Tiens! bonjour, John! dit-il avant de s'étriller à nouveau avec sa serviette. Alors, comment ça va? Pas trop de problèmes à la ferme depuis mon départ?

– Non, non, assurai-je en m'effondrant

dans le grand fauteuil installé près du feu. Nous avons terminé la semaine dernière le nouveau parc à cochons.
– Une bonne chose, commenta-t-il de dessous sa serviette. Surtout au train où ton père augmente son cheptel. Je pense qu'il va bientôt falloir qu'on défriche le terrain au nord du gros rocher. Pour le mettre en culture, y semer quelque chose : ça permettrait d'acheter moins d'aliment pour le bétail.
– Chouette, ce sera drôle, on se transformera tous en bûcherons!
– Drôle! Ce sera un rude boulot, tu veux dire, répliqua Joe. J'ai fait un stage, pendant un temps, dans une exploitation forestière, dans les hautes terres d'Haliburton, et tu peux me croire, ça n'a rien de drôle. C'est un sacré travail, un point c'est tout.

Tandis qu'il se rhabillait, je m'attardai à cette idée de défrichement et de coupes claires dans notre forêt. J'essayais de m'imaginer ce que ce serait sans les arbres.
– Finalement, dis-je, je n'aime pas beaucoup l'idée d'abattre les arbres. J'ai l'im-

pression que c'est de la triche, d'une certaine façon.

– Que veux-tu dire par là?

Le souvenir me revenait du temps de notre arrivée, des Arpents tels qu'ils m'étaient apparus, au début, l'été d'avant. Je me rappelais l'étrange sentiment qui m'avait saisi, un jour, alors que je m'avançais vers la cabane, à travers les herbes hautes. Je m'étais senti soudain comme un intrus, j'avais eu l'impression que tout était animé et me suivait du regard : l'herbe, les buissons, les arbres, les rochers, tout, absolument tout semblait me jauger, me juger longuement, comme pour tenter de savoir si je cadrais avec l'endroit. C'était un peu comme de pénétrer dans une école inconnue, où les nouveaux camarades ne vous accordent pas tout de suite leur confiance...

Joe écouta patiemment mes tentatives d'explication embarrassées, mais cela semblait un peu ridicule de mettre en mots des choses pareilles, et en particulier d'affirmer que je n'étais pas très sûr que nous ayons le droit d'abattre des arbres qui poussaient là depuis quatre-vingt-dix ans, pour la seule raison que nous voulions semer du maïs pour nourrir nos cochons. La voix du bon sens, au fond de moi, me répétait sans cesse : « Mais bien sûr que si, nous en avons le droit, puisque c'est notre terrain. »

Mais Joe avait compris.

– Tu ferais un bon Indien, me dit-il en hochant la tête, l'air assez perplexe. Pourquoi les Blancs changent-ils tellement en prenant de l'âge? ajouta-t-il, plutôt pour lui-même que pour moi. Un Indien grandit en sagesse en prenant de l'âge; mais le Blanc devrait toujours rester enfant... Ainsi pourrions-nous sans doute vivre en paix ensemble.

Vivre en paix ensemble. Ces quatre mots n'avaient encore pour moi aucune signification bien précise. Mais Joe savait déjà quels remous nous attendaient prochainement. Et moi, je n'allais pas tarder à le savoir.

– Au fait, j'oubliais : Maman voudrait que tu viennes dîner avec nous. As-tu faim?

Il devait y avoir une éternité que nous discutions et que Joe répondait à mes questions sur sa vie dans la réserve. Si le repas du soir avait refroidi, j'allais avoir des ennuis : être en retard pour les repas représente aux yeux de Maman le crime suprême.

– Je crois que je pourrais manger un ours entier, répondit Joe. Avec ses griffes et tout.

Dehors, il faisait froid. Dans un ciel étonnamment clair, la lune et les étoiles étincelaient. Nous marchions sans bruit dans le silence de la nuit, troublé seulement par le crissement de nos pieds sur l'herbe. Je me posai alors la question de savoir pourquoi j'aimais tant être dehors en compagnie de Joe. Sans doute était-ce à cause de sa grande familiarité avec les choses de la nature, à cause de cette impression qu'il donnait de connaître leur langage – un langage que moi aussi je brûlais d'apprendre. Sans doute était-ce parce qu'il les comprenait, ces choses de la nature, qu'elles avaient l'air, en retour, de l'accepter pour l'un des leurs? Et j'aurais tant voulu lui ressembler!

Nous pénétrâmes dans la maison et l'accueil que reçut Joe dut lui faire comprendre qu'il faisait réellement partie de la famille. A la façon dont Anne se cramponnait à son cou, il ne pouvait pas ne pas se sentir chez lui.

Un peu plus tard, après qu'il eut mangé et que le plus fort de l'excitation des retrouvailles fut passé, chacun voulut l'interroger sur la réserve.

– Pendant que j'étais chez moi, nous dit-il, il y a eu une réunion du conseil, à propos d'une nouvelle autoroute en construction. Elle doit conduire la circulation vers la baie, selon un tracé qui lui fait traverser tout droit une partie de nos terres. Nous ne voulons pas de cette autoroute, mais le ministère des Transports prétend que nous n'avons aucun droit de nous opposer à ces travaux, du moment que les terres en question ne sont pas situées sur notre réserve proprement dite. Mais il s'agit tout de même de nos terres, des terres de nos ancêtres.

Son expression s'était chargée de colère, et il ajouta que le conseil avait décidé de livrer bataille.

– Je ne pense pourtant pas que vous puissiez faire grand-chose, dit David, contre le ministère des Transports.

Paula se récria, dédaigneuse :

– Et pourquoi pas? Cette idée! Ce ne sont que des gens, après tout.

– Bien sûr, mais ils sont aux commandes, et en plus ils ont de l'argent, ce qui leur donne du poids dans la bataille, dit David.

– Et comment comptez-vous lutter contre eux, au juste, Joe? demandai-je.

– Eh bien, justement, nous avons un plan, mais il faudrait d'abord que j'en parle à votre père, répondit Joe en regardant Papa par-dessus nos têtes.

– En ce cas-là, dit Maman d'une voix sans réplique, je crois qu'il est temps, pour vous autres enfants, d'aller au lit; d'abord, il est l'heure, et puis il faut laisser votre père et Joe discuter seuls. De toute manière, soyez-en certains, vous serez mis au courant de tout dès demain matin.

Cinq minutes plus tard, je m'apprêtais (mais si, je vous le garantis!) à me fourrer dans mon lit lorsque la pensée me vint que j'avais dû laisser en bas plusieurs affaires de classe. Cela pouvait attendre demain, bien sûr, mais ce n'était pas prudent : j'ai tendance à oublier les choses avec la plus grande facilité, surtout celles qui concernent la classe; alors j'ai pris l'habitude, pour éviter les ennuis, de faire ce que je dois faire au moment où j'y pense, sinon je risque d'oublier complètement.

Sur la pointe des pieds, je descendis au rez-de-chaussée. Je cueillis les livres en question, sans un bruit, et j'étais en train de refermer précautionneusement la porte lorsque me parvint, depuis la cuisine, la voix de Papa.

– Cela ferait quel nombre, en gros, Joe? demandait mon père.

– Deux cents, disait Joe.

– COMBIEN?

Oui, c'était bien la voix de Papa, impossible de s'y tromper. Pourtant, il ne rugit jamais. Mais déjà il reprenait, la voix redevenue normale :

– Non. C'est hors de question. Les Arpents ne sont pas équipés pour accueillir autant de monde.

Quelques secondes plus tard, la porte de dehors s'ouvrait et se refermait sans douceur. Apparemment, quelqu'un venait de sortir, et pas content du tout.

3. Le triggertron cathodique

Je sais bien que je n'aurais pas dû rester ainsi derrière la porte de la cuisine, à écouter, mais ma curiosité était piquée au vif.

– Tu as peut-être été un peu dur avec Joe, non? disait Maman. Tu ne l'as même pas laissé finir ses explications.

Papa poussa un grand soupir.

– Mouais. Tu as peut-être raison. Il faut dire que je suis de mauvais poil, après m'être esquinté sur cette sacrée camionnette...

– Ce n'est pas une raison pour tout passer sur Joe.

– Je sais... Mais enfin, tu imagines un peu? Deux cents Indiens à camper ici? Et l'eau? Et les sanitaires? Et le moyen

de cuisiner? Il n'y a rien. C'est ridicule.
– Quelque chose me dit que si Joe nous demande ça, c'est qu'il a de bonnes raisons de le faire. Tu sais bien qu'il ne demande jamais rien, ou presque. Et pourtant, Dieu sait s'il nous a rendu de grands services! Souviens-toi, l'été dernier, quand nous avions perdu Anne... *.

Maman avait raison. Moi, je m'en souvenais. Sans Joe, nous aurions perdu Anne pour toujours.

Papa ne disait rien. Je pense qu'il était en train de se remémorer ce jour-là, lui aussi.
– Oui, finit-il par dire. C'est une dette que nous ne rembourserons jamais. A ton avis, que devrais-je faire?
– Ecoute, dit Maman. D'abord, je suis sûre que Joe, lui, ne considère pas que nous ayons une dette. N'empêche que je pense qu'il vaudrait mieux que tu ailles le rejoindre à la cabane, pour discuter encore avec lui. Laisse-le parler, laisse-le te dire ce qu'il a à dire. Il y a sûrement, pour nous, un moyen de l'aider.

* *Un été aux Arpents.* Castor poche n° 10.

– Bon, d'accord. Tu viens avec moi? demanda-t-il, sur un ton qui ne cachait pas qu'il l'espérait bien.
– Non, dit Maman. Je pense qu'il vaut mieux que vous parliez seul à seul.

Je souris intérieurement. Un point pour toi, Maman. C'est Papa qui s'est mis dans le pétrin, c'est à lui de s'en sortir. J'entendis mon père décrocher son manteau et ouvrir la porte de dehors.

Tout cela me laissait perplexe. Pourquoi Joe voulait-il donc faire venir deux cents Indiens aux Arpents? Comme il n'y avait plus aucun espoir d'en apprendre davantage avant le retour de Papa, je regagnai ma chambre à pas de loup, bien décidé à rester éveillé jusqu'à ce qu'il rentre. Etendu dans mon lit, les yeux grands ouverts, je contemplai le ciel nocturne piqueté d'étoiles, tout en songeant aux Indiens et à ce que pouvait être leur vie dans les temps anciens. Puis je sentis mes paupières s'alourdir et je m'abandonnai au sommeil, avec la ferme résolution de me rendre à la cabane le lendemain, aux aurores, pour y discuter avec Joe avant l'heure de partir pour la classe.

Mais je ne m'éveillai que bien tard, bien trop tard pour espérer pouvoir aller à la cabane. Je me ruai au bas de l'escalier. David et Paula avaient déjà fini de manger. Quant à Anne, en manteau, elle était en train de sortir!

– 'pêche-toi! me dit Paula. Tu vas manquer le car!

– Tu parles si je m'en moque!

– Tu t'en moqueras peut-être un peu moins quand il faudra que tu t'expliques avec le Pousse-Coude, me dit-elle en enfilant son anorak.

Horreur! J'allais oublier : les quatre cents lignes! Je les avais mises dans un livre, un livre que je n'avais pas pris!

Quatre à quatre, je fonçai à l'étage. La journée serait mauvaise; en tout cas, elle s'annonçait mal. Ce fut pourtant ce jour-là que je marquai des points dans le match avec Melvin...

Le car roulait à présent, allègre, le long de la route. Je montrai mon pensum à David et à Paula. Paula voulut savoir.

– Tiens! Tu as écopé de ça pourquoi?

Quand je leur contai l'anecdote, David

rentra le cou dans les épaules pour ricaner comme un idiot, tandis que Paula prenait son petit air moralisateur :

– Là, mon vieux, tu l'avais cherché. Quand on est assez bête pour écrire des histoires de Terre-Neuviens sur un cahier, alors qu'on a un prof terre-neuvien, on ne peut vraiment pas se plaindre si on récolte des ennuis ! A mon avis, tu devrais lui présenter des excuses.

– Est-ce que je me plains ? protestai-je. Je n'ai jamais dit que je ne l'avais pas mérité. Je vous racontais l'affaire, c'est tout. D'ailleurs, j'ai des nouvelles bien plus importantes à vous dire.

Ils me prêtèrent une oreille d'abord distraite, puis de plus en plus attentive au fur et à mesure que je leur dévoilais ce que j'avais entendu la veille.

– Il ne faut surtout pas en dire le moindre mot à l'école, ajoutai-je. Nous ne connaissons pas encore les projets de Joe. Il se peut (et c'est ce qu'il me semble) qu'il veuille garder cela dans le plus grand secret. Alors, à partir de maintenant, bouche cousue. On arrive à l'arrêt de Melvin...

C'est durant le cours de sciences que je pus avoir ma revanche sur lui. En sciences, je suis plutôt bon; c'est même l'unique matière où je le sois. Melvin, lui, y est nul. Il est peut-être même plus nul en sciences que je ne le suis en maths.

Nous étions dans le laboratoire de physique, en train de travailler sur la théorie des tubes à vide en électronique. Hoppo, notre professeur, venait de tracer un diagramme au tableau. C'était quelque chose de simple, que nous avions déjà vu l'année d'avant. Le hasard voulut que le prof choisît Melvin pour l'expliquer devant la classe.

– Allons, voyons, plus vite! s'impatientait Hoppo. Comment appelons-nous ceci?

Melvin séchait. D'un regard circulaire, il quêtait de l'aide, exactement comme je l'avais fait durant l'interro de français, la veille. « Attends un peu, me dis-je, moi je vais t'aider. »

Et j'écrivis en hâte, en grosses lettres : UN TRIGGERTRON CATHODIQUE. Puis, avec une discrétion calculée, j'inclinai le papier dans sa direction.

Je vis son visage s'éclairer :

– C'est un triggertron cathodique, dit-il, très sûr de lui (et toute la classe explosa de rire).

Hoppo avait viré au rouge. Melvin devint blanc.

– On cherche à se moquer de moi, n'est-ce pas? gronda Hoppo. Désolé, mais un triggertron cathodique, je n'ai jamais entendu parler de cela.

Melvin parut se sentir mal. Il faisait plus triste figure encore, je crois, que le jour où il avait récolté trois cents lignes « pour avoir fait l'insolent ».

Le reste de la journée s'envola sans difficulté. Je traversai le cours de maths sans incident notable et, à la fin de l'heure, je remis ma colle au Pousse-Coude. Il accepta mes excuses sans sourciller et même, à ma grande surprise, j'eus l'impression, une fraction de seconde, qu'il avait un début de sourire. Un sourire pour moi, le Pousse-Coude? J'avais dû avoir la berlue, ou bien c'était un reflet dans ses lunettes.

La dernière sonnerie annonça l'heure de la sortie. En moins d'une minute, j'étais déjà dehors, le pied sur le marchepied du car. Il me tardait plus que jamais d'arriver à la maison, pour aller retrouver Joe et éclaircir enfin toute son histoire.

Il y aura bientôt un an que nous habitons les Arpents, et pourtant j'ai toujours le même petit choc, d'excitation et de plaisir mêlés, quand je mets le nez dehors et que je vois ces arbres, cette crête rocheuse, tous ces vallonnements où les herbes et les buissons créent autant de recoins secrets. Il me semble qu'alors je me sens plus grand et plus fort, parce qu'il n'y a qu'aux Arpents que je peux être moi-même – sans avoir à me soucier de ce qu'autrui voudrait que je sois. C'est tout le contraire de ce qui se passe à l'école, où l'on attend de vous que vous soyez mathématicien, historien ou artiste, selon la leçon en cours. Bien que je ne sois rien de tout cela, en classe je dois au moins essayer de le devenir. Aux Arpents, je peux me contenter d'être moi : John Clancy. Je peux aller où je veux, regarder ce que je veux, crier de toutes mes forces si le cœur m'en dit, ou bien me hisser sur un rocher tiédi par le soleil, m'y étendre à plat ventre comme un lézard et laisser mes pensées suivre leur fil, comme un lézard le fait aussi, j'imagine. On se sent un peu idiot à expliquer ce genre de sentiment..., c'est pourtant ce que je ressens dès que je me retrouve chez moi.

Et c'est exactement ce que je ressentais, ce jour-là, debout sur le seuil de la porte.

David et Paula étaient déjà partis en courant du côté de la cabane. Je m'apprêtais à les suivre lorsqu'il me sembla reconnaître, venu de je ne savais trop où, le bruit assourdi d'une hache qui pénètre le bois. Papa était là-bas, du côté des cochons, ce ne pouvait donc être que Joe. Le souvenir me revint qu'il avait parlé de défricher un coin de forêt pour le mettre en culture.

Je me laissai guider par le bruit, et je grimpai sur la crête à l'endroit le plus haut. De là, je vis tout de suite Joe qui s'affairait dans une clairière au milieu des pins. Ouf! Ce n'étaient que des pins. J'aimais mieux ça. Je n'aurais pas voulu le voir abattre des bouleaux ou des érables.

Contre l'autre côté de la crête de rochers, s'adossait encore un dernier contrefort de neige, une neige toute brillante et dure. Pour redescendre en toboggan, c'était extra. A ce détail près qu'à l'atterrissage le contrôle de mes pieds m'échappa et que je me retrouvai sur le dos... Me relevant sans trop de dégâts, je me mis en marche en direction de la clairière, en faisant craquer sous mes pas feuilles sèches et brindilles mortes.

C'est chose facile, à cette saison, que de marcher à travers bois; beaucoup plus facile qu'en hiver, lorsqu'il neige, mais aussi qu'en été, où le sous-bois s'encombre de broussailles et où le couvert s'épaissit. Là, les arbres étaient encore nus, et les rayons du soleil descendaient jusqu'au sol.

« Finalement, c'est astucieux, me disais-je, cette habitude qu'ont les arbres de perdre leurs feuilles en hiver. S'ils ne le faisaient pas, le soleil n'atteindrait jamais le sous-bois, si bien que rien d'autre n'aurait la plus petite chance d'y pousser, ni les fleurs, ni leurs propres semis; il n'y aurait jamais d'arbustes, de sorte que, pour finir, la forêt se tuerait d'elle-même. Riche idée, oui, vraiment, que de se dépouiller régulièrement, pour que même les petites plantes aient droit à leur part de printemps. »

Tout heureux d'avoir trouvé ça tout seul, je laissai échapper un joyeux sifflement d'oiseau.

Le bruit de hache se rapprochait et je pus bientôt voir, à travers les troncs, Joe qui s'acharnait derrière le fût d'un pin. Je le hélai joyeusement sitôt que je fus assez proche, et je le vis sursauter. Il avait l'air de crier quelque chose et, dès qu'il m'eut repéré, il se mit à agiter les bras frénétiquement dans ma direction. Il y eut un craquement formidable et je compris, en un éclair, le pourquoi de sa frénésie : l'arbre tombait droit sur moi.

Je fis un saut de côté, comme un lièvre. Je m'envolai presque. Il y eut des bruits d'écrasements, de déchirements, de claquements, tandis que l'arbre, dans sa chute, rabotait les branchages de ses proches voisins; et puis, d'un seul coup, comme il touchait le sol, le son mat et puissant de toute sa lourde masse ébranla le sous-bois.

Il ne m'avait manqué que de vingt centimètres. Je sentis mes genoux défaillir. J'avais chaud, j'avais froid, je ne pouvais détacher mon regard de l'énorme tronc qui gisait là, puissant, énorme, et je m'imaginais dessous, écrabouillé.

– Ho! John! Tu n'as pas de mal?

Déjà Joe était près de moi. Les mains posées sur mes épaules, il m'examinait anxieusement. Si j'étais aussi pâle que lui, alors j'étais blanc comme un linge. Il avait eu une belle peur, et je le comprends. Mais pour le moment je ne pouvais pas dire un mot, ma voix était enrayée. Je me contentai d'avaler ma salive en secouant la tête.

La frayeur de Joe se mua en colère :

– Ne refais plus jamais ce coup-là, dit-il. Tu as bien manqué te faire tuer. Attends toujours que l'arbre soit tombé avant de t'approcher de celui qui est en train de l'abattre.

– Je... Je me souviendrai, bredouillai-je,

recouvrant quelque peu mes esprits. Ne t'en fais pas. Je ne crois pas que j'oublierai ça de sitôt.

– C'est de ma faute, aussi. Au moins autant que de la tienne, dit Joe. J'aurais dû crier avant de donner le dernier coup. C'est une des règles essentielles du bûcheron, même s'il est seul en forêt.

– Peut-être, mais je pense que de toute façon je n'aurais pas compris ce que tu voulais dire... Les règles, c'est bien joli, mais ça ne marche que si tout le monde les connaît et les suit.

Joe me regardait en hochant la tête. Impossible de savoir s'il s'agissait d'un signe d'approbation ou de dénégation. Enfin, je le vis sourire et perdre son air tragique.

– Tiens, viens donc, me dit-il. Justement, j'en avais fini pour aujourd'hui. Il sera bien encore temps, demain, de débiter cet arbre.

Mais Joe se trompait. Il n'aurait guère le temps le lendemain. Et pas davantage le surlendemain.

4. Les Ojibwas

– Seraient-ils vraiment deux cents? insistais-je.
– Peut-être pas tout à fait, me répondait Joe, mais pas loin, probablement. Un bon nombre, en tout cas.

Nous étions tous quatre dans la cabane, David, Paula, Joe et moi. David s'était octroyé le fauteuil et trônait là, les jambes allongées, en se faisant rôtir les orteils à la flamme. Moi, j'étais assis sur une couverture, près du mur, et Paula aidait Joe à préparer du thé dans une antique théière brune. Joe remuait sa théière, lentement, l'air découragé, comme abattu par de trop gros soucis.

Il venait de nous raconter comment le

conseil s'était tenu, là-bas, chez les siens, et comment ils avaient tous conclu que les terres en question étaient bel et bien les leurs, de sorte qu'il était exclu de les laisser entamer par une autoroute.

– Autrefois, expliquait Joe, toutes les terres situées au sud de la baie Géorgienne étaient le territoire de chasse des Hurons. Mon peuple arriva, depuis la grande nation du tabac, les Petuns du Sud. Il fut battu par les Iroquois, après quoi ma tribu, les Ojibwas, revint à ses terres du sud de la baie. Là, elle bâtit un nouveau village, qu'elle défendit contre les Hurons, et contre les attaques des Iroquois, jusqu'à ce que l'homme blanc vienne à son tour, avec sa propre guerre, Blancs contre Blancs. Alors on nous parqua dans des réserves, comme des chiens dans un chenil. Et voilà qu'à présent votre gouvernement affirme que nous avons accepté les réserves en échange de nos anciennes terres, et qu'à cause de cela nous n'avons aucun droit à refuser cette autoroute. Mais nous, nous disons que nous n'avons pas du tout accepté cet échange : on nous a forcés à nous installer dans la réserve et, même en langage de Blanc, ce n'est pas justice. D'ailleurs, nous n'avons jamais cessé d'utiliser ces terres qui sont les nôtres. Il y a là près de trois cents hectares, riches d'érables à sucre, dont nous recueillons la sève depuis de très nombreuses années. Nous nous y rendons depuis la réserve, à la période où les jours sont déjà chauds et les nuits encore fraîches. Ce sont de bons arbres, la plupart peuvent donner quelque chose comme cent vingt à cent cinquante litres de sève, que nous faisons réduire par ébullition pour obtenir du sirop... Mais nous ne sommes pas âpres au gain : jamais nous n'avons empêché les Blancs de pénétrer sur ces terres, ni de prendre part à la récolte du sirop d'érable. Nous n'avons demandé que quelques dollars à ceux qui désiraient participer à la récolte, et cette modeste rétribution nous sert à améliorer un peu nos conditions de vie dans la réserve. Mais voilà que l'homme blanc, une fois de plus, se comporte comme il le fait si souvent. Il s'apprête à détruire, il veut

faire passer ses bulldozers sur ces terres, faire sauter les arbres, éventrer la végétation de ces collines, et nous autres Indiens nous devrions laisser faire, rester bien sages, tout accepter, comme de bons petits enfants obéissants.

La colère de Joe montait tandis qu'il nous expliquait toute l'affaire, et je voyais diminuer rapidement mes chances de savourer une bonne tasse de thé. Paula ne faisait rien pour en raviver l'espoir, au contraire; elle devenait furieuse elle aussi.

– C'est un peu fort! dit-elle. Ils n'ont tout de même pas le droit de lancer leurs bulldozers chez les gens, comme ça!

– Et alors, finalement? demandai-je, en me levant pour aller me servir moi-même un peu de thé.

Joe prit sa propre tasse avant de répondre et, d'un geste éloquent, il fit signe à David de libérer le fauteuil. Je me dépêchai de reprendre ma place sur la couverture avant de la voir accaparer par David.

– Notre chef est déjà allé au ministère des Transports, dit Joe. Et il est allé voir l'un de vos magistrats. Au ministère des Transports, on lui a dit qu'il y aurait une enquête; et nous avons reçu, quelque temps après, une lettre qui nous informait que nous n'avions nullement le droit d'arrêter les travaux. Le magistrat nous a aidés à trouver un avocat, mais il est un peu tard pour discuter. Les bulldozers sont bien trop près d'entrer en action. Alors, nous avons décidé de descendre dans le Sud et de manifester. Nos manifestations seront pacifiques, mais nous ne pouvons pas nous laisser faire.

– Mais qu'est-ce que les Arpents ont à voir là-dedans? demanda David.

– Il nous faut bien nous installer quelque part, dit Joe. Nous n'avons nulle part où aller. Il nous faut un pied-à-terre à partir duquel opérer.

– Et pourquoi pas depuis votre territoire aux érables?

– C'est trop loin des villes dans lesquelles nous devons organiser nos manifestations. D'ailleurs, là-bas, les gens qui préparent le passage de l'autoroute nous trouveraient trop facilement. Or, nous voulons justement que personne ne sache où nous sommes. Nous projetons de nous rassembler dans les villes, d'y manifester en silence, puis de disparaître aussitôt. J'ai parlé au conseil de mes amis des Arpents, et je leur ai dit qu'ils seraient sûrement heureux de pouvoir nous venir en aide. Le conseil a accepté ma proposition d'établir aux Arpents notre camp de base, j'en ai parlé à votre père, et il n'a pas eu l'air content. Il ne veut pas nous aider.

– Oh! moi, je suis sûre que ce n'est pas ça! coupa Paula vivement. Papa ne refuse certainement pas de vous aider. Je pense plutôt qu'il a mal compris.

– Pour commencer, dit Joe, l'idée l'a rendu furieux. Moi, je n'ai pas d'autres amis blancs que vous, et lorsqu'il m'a dit non, sèchement, je me suis dit que j'avais eu bien tort de rester aux Arpents. Mais je dois dire qu'ensuite, un peu plus tard hier soir, il est revenu me voir, ici, à la cabane, et il m'a demandé de tout lui répéter bien précisément...

– Et alors? le pressai-je.

Joe fixait les flammes, l'air absent.

– Il a dit que je pouvais faire camper ici

une centaine des miens. Mais pas un de plus. Il a dit que l'équipement était insuffisant. Je ne sais pas comment je vais m'y prendre pour expliquer les choses au conseil, parce que tous les hommes veulent y aller; et plus nous serons nombreux, plus nos manifestations auront de force et nous donneront des chances de l'emporter.

J'objectai, hésitant :

– Mais tu disais qu'il n'y en aurait peut-être tout de même pas deux cents.

– Environ cent quarante, je pense, dit Joe. J'avais demandé deux cents pour être tranquille, et pour arrondir.

– Dans ce cas-là, lui conseillai-je, tu peux leur dire de venir tous. Tu penses bien que Papa, ça lui sera égal. La réalité, c'est qu'il était furieux après sa camionnette. Il n'y connaît pas grand-chose dans les moteurs. Ne t'en fais pas, tu peux leur dire de venir tous. Il n'ira pas vous compter.

Joe parut reprendre un peu espoir.

– Vous connaissez votre père mieux que moi, dit-il. Pensez-vous vraiment qu'il ne nous comptera pas?

– Mais bien sûr, c'est évident! s'écria Paula en haussant les épaules. Papa n'est pas du genre à tout vérifier comme ça. Ce qu'il y a, c'est qu'il lui arrive de s'énerver un peu, comme dit John, et alors il dit des choses qu'il ne pense pas.
– Par-dessus le marché, ajouta David, les trois quarts du temps, vous ne serez même pas là, puisque vous serez partis à vos manifestations. Je suis d'accord avec John. Si vous devez n'être que cent quarante, il n'y a pas de problème. Tu peux leur dire de venir.

Cette prise de position m'étonna de la part de David. D'ordinaire, il est trop prudent pour prendre ouvertement parti, et plus encore lorsqu'il s'agit du même parti que moi. D'habitude, il aime bien discuter pour prouver que j'ai tort. Si bien que j'avais peine à en croire mes oreilles. Il pensait sans doute que Joe avait réellement besoin d'aide et qu'il était plus important de lui porter secours que de se disputailler. Notre unanimité en tout cas parut convaincre Joe.

– Bon. Je vais y aller, décida-t-il. Dès demain je retourne à la réserve et je leur dis qu'ils peuvent venir.

Le reste de la semaine s'écoula sans encombre, et je le sentis à peine passer. Rien de notable n'eut lieu à l'école, si ce n'est qu'un soir, par erreur, j'embarquai le livre d'histoire de Melvin dans mes propres affaires. Comme il en avait besoin pour faire ses devoirs, il vint en vélo dans la soirée me demander si par hasard... Je m'aperçus alors seulement de ma distraction, mais Melvin ne voulut pas croire à mon innocence.

Vint enfin le vendredi, le jour pour lequel Joe nous avait promis son retour. En descendant du car, au retour de l'école, nous courûmes à en perdre haleine tout le long du petit chemin poussiéreux. C'était vrai : ils étaient là. Des voitures, des camionnettes, des véhicules divers stationnaient sur le pré, ainsi qu'un vieil autocar rouge bourré de matériel de campement. Les Ojibwas étaient arrivés.

Les Arpents grouillaient de monde. En

manches de chemise, en vestes de chasse à carreaux, marron ou vertes, ou encore en gros sweaters. Le plus frappant était qu'ils avaient tous, sans exception, les cheveux noirs, très noirs, le plus souvent longs. Il n'y avait là que des hommes, certains étaient tout jeunes – comme Joe lui-même – mais la plupart avaient à peu près l'âge de notre père ou étaient même plus âgés. Ils étaient en train de défaire leur chargement, escaladant des montagnes de matériel, ouvrant les coffres des véhicules, emportant de lourds paquets, défilant comme des fourmis en direction de la cabane et de la brèche qui s'ouvrait dans la ligne de rochers.

– Moi, je vais les aider! dit Paula en s'élançant dans la maison.

Je restai avec David, un certain temps, près du garage, à contempler cette animation, répondant aux signes d'amitié que nous lançaient, de temps à autre, les hommes qui nous avaient aperçus.

L'un d'eux, assez âgé, s'approcha de nous.

– Je pense que vous êtes David et John, nous dit-il. Moi, c'est Johnny Faro.

J'écarquillai les yeux, incapable de camoufler mon étonnement : c'était un géant, un véritable géant, avec des bras comme des troncs d'arbre, et la main qu'il nous tendait ressemblait à une pelle de terrassier. La mienne y disparaissait toute.

David, par bonheur, n'avait pas perdu sa langue :

– Avez-vous fait bonne route? demanda-t-il.

Le géant secoua la tête affirmativement.

– Pas trop mauvaise, dit-il. Une des camionnettes est tombée en panne du côté d'Edenvale, et il a fallu la remorquer, mais à part ça, tout est allé très bien.

– Avez-vous déjà vu Maman et Papa? osai-je enfin demander.

– Oui, dès notre arrivée. Ils sont vraiment gentils de nous aider comme ils le font.

– Pouvons-nous vous aider à quelque chose? s'informa David.

– Ma foi, si vous voulez nous aider à monter le camp, vous êtes les bienvenus.

Plus tard, ce soir, nous organiserons un bon petit festin, et si vous voulez vous joindre à nous, vous nous ferez plaisir.

Je m'en léchai les babines. Rien ne vous donne du cœur à l'ouvrage comme la promesse d'un festin; pour moi, en tout cas, cela vaut largement la carotte promise à l'âne.

– Dépêche-toi, David! m'écriai-je. Allons nous changer. Plus tôt ce camp sera monté, plus vite aura lieu le festin. A tout de suite, Johnny!

5. Le camp indien

Dix minutes plus tard, nous arrivions à pied d'œuvre, à l'endroit où le ruisseau franchit la brèche entre les rochers. Papa était en train de discuter avec Joe et un autre homme.

– Ici, ce sera parfait, disait Joe. Nous pouvons monter les tentes dans cette clairière, et les rochers nous abriteront des regards. C'est vital pour nous de garder secret ce camp de base.

Il venait de nous apercevoir et il nous fit signe de les rejoindre.

– Voici mon père, dit-il. Le chef de notre tribu.

Je regardai Joe, très surpris. Il ne nous

avait pas dit qu'il était le fils du chef.

– Ainsi donc, dit celui-ci en souriant, c'est vous, les chasseurs de chiens sauvages! Je vous dois grand merci pour avoir sauvé mon fils, l'hiver dernier*, c'était courageux de votre part. Nous aimerions faire de vous des frères de sang des Ojibwas, si vous le voulez bien.

Je jetai un coup d'œil sur David, histoire de voir s'il savait mieux que moi ce que cela signifiait, être « frère de sang » d'une tribu indienne.

Le sérieux de la conversation avait gagné David, car je l'entendis répondre, d'une voix d'homme :

– Merci. Nous serons très heureux de le devenir, sitôt que vous en aurez fini avec cette histoire d'autoroute.

Je vis passer un demi-sourire sur les lèvres de Papa, qui regarda sa montre.

– Nous ferions bien de nous y mettre, dit-il, si nous tenons à monter ces tentes avant la tombée de la nuit. Il ne nous reste plus que deux petites heures de jour.

* *Un hiver aux Arpents,* Castor poche n° 21.

Il y avait fort à faire. Hisser, tirer, pousser, tendre et soulever, le tout dans une atmosphère de rires, de farces et de grosses bousculades, mais pour finir les tentes furent érigées, solidement arrimées au sol en un vaste cercle. Ce cercle de tentes était placé dans la pointe d'un triangle, formé d'un côté par le ruisseau, de l'autre par l'alignement rocheux.

– C'est un emplacement rudement bon, pour un camp d'Indiens, observai-je. Il n'y aurait plus qu'à construire une levée de terre pour refermer le triangle, entre le ruisseau et les rochers, et le camp serait entièrement protégé.

David me regarda comme si je venais de dire la plus grosse bourde de ma vie :

– Ne dis donc pas d'âneries, gros malin! s'écria-t-il. Tu penses bien que les constructeurs de l'autoroute ne vont pas les attaquer, voyons! Pourquoi pas faire appel à l'armée, pendant que tu y es, pour une malheureuse poignée de manifestants?

– Je ne voulais pas dire *maintenant*, expliquai-je. Je voulais parler d'autrefois, des attaques des Iroquois que Joe nous a racontées.

– Ils auraient pu attaquer tout de même! fit remarquer Paula. Ils seraient arrivés en canoë!

Elle avait raison. Il me semblait même la voir, dans ma tête, cette armada de canoës de guerre, faits de troncs évidés, avec un gros œil peint sur l'étrave, flottant bas sur l'eau et chargés de hordes d'Iroquois poussant des cris perçants.

– J'aurais planté des piquets dans le sol, répliquai-je, des rangées de piquets pointus tous le long de la rive, et ils n'auraient pas pu franchir cette ligne.

– A condition d'y avoir pensé avant l'attaque, dit Paula.

– Tu penses bien que mon conseil y aurait pensé, dis-je. C'est le rôle des conseils, de penser aux choses que le chef oublie.

– A propos de sécurité, s'inquiéta soudain David, j'espère que l'endroit est sûr, pour établir un campement... Le niveau du ruisseau est bas, pour le moment, mais il reste encore pas mal de neige à fondre, surtout en amont. Et c'est notre premier printemps aux Arpents, si bien que nous ne savons pas si le ruisseau déborde ou non.

Nous contemplâmes l'eau qui s'écoulait en tourbillons et s'engouffrait en gargouillant entre les parois rocheuses de la brèche. Elle charriait encore d'imposants blocs de glace que la tiédeur d'avril détachait de ses rives, mêlés d'une boue qui la teintait de brun-rouge.

– Mais oui, l'emplacement est sûr, dis-je après réflexion. La brèche est assez large, elle doit faire dans les six mètres non?

– Peut-être, dit David, mais la berge est plus basse de ce côté-ci que de l'autre. Et le terrain est en pente dans ce sens, par-dessus le marché.

– Bah! il n'y a pas de danger du tout, dit Paula. Le barrage des castors, en amont, doit retenir sans peine le plus gros de la fonte des neiges, au printemps.

Le barrage des castors, un peu plus haut sur la rivière, à un ou deux kilomètres en amont, avait formé, en retenant les eaux, un petit lac naturel qui pouvait contenir beaucoup d'eau. Nous l'avions visité, l'été précédent, dans le canoë de Joe. J'étais certain que la remarque de Paula était juste.

– Vous n'irez pas dire, ensuite, que je ne vous avais pas prévenus! dit David. Et tant pis pour vous s'ils vous clouent au poteau de torture lorsque leur camp se sera fait inonder.

Il ne restait plus qu'une demi-heure de jour. Pour aider les Ojibwas à préparer leurs feux de camp, chacun de nous se mit à ramasser du bois mort, que l'on empilait au centre du cercle de tentes. Certains des Indiens commençaient à embrocher, sur des piques de bois, les poulets et la viande de porc qu'ils avaient apportés.

Johnny Faro, me désignant un piquet métallique, me demanda de le maintenir droit tandis qu'il l'enfonçait dans le sol contre l'un des bûchers. Il le planta profondément, vérifia sa solidité, puis il y cala une autre barre de fer, au bout de laquelle pendait un crochet où il suspendit un chaudron géant.

Les feux, tout juste allumés, se mirent à crépiter et à fumer, puis les flammes en dansant semblèrent avaler la fumée. La toile des tentes alentour se teinta d'une lumière jaune qui assombrissait encore le crépuscule, et l'air se parfuma bientôt du fumet des grillades.

– Vous devriez aller dire à votre mère, suggéra une voix derrière nous, que le souper est presque prêt.

C'était Joe, surgi de nulle part.

– J'y vais! dit Paula en s'élançant. Mais ne commencez pas sans nous.

– Tiens, te revoilà, Joe? m'étonnai-je. Où étais-tu passé, pendant que tout le monde était au travail?

Il rit et me pinça l'oreille amicalement.

– J'étais en train d'aider le chef et le conseil des sages à s'installer dans la cabane. J'habiterai sous la tente pendant ce temps.

– Au fait, ça me rappelle, dis-je sur un ton accusateur, que tu n'avais jamais jugé bon de nous dire que tu étais le fils d'un chef.

– Et alors? Maintenant que tu le sais, dis-moi un peu ce que cela fait, comme différence?

– Aucune, bien sûr, mais tout de même, tout le monde n'a pas pour père un chef. Comment se fait-il que tu aies quitté la réserve, puisque tu es le fils du chef? Moi, je ne l'aurais pas fait.
– Je crois que tu as encore beaucoup à apprendre sur les Indiens, John, me dit Joe. Le fils d'un chef n'a aucun privilège. Notre chef et les membres du conseil des sages sont élus, exactement comme le sont vos maires et vos conseillers municipaux. Il n'y a guère de différence. Et pour ce qui est de mon départ..., es-tu sûr de rester aux Arpents quand tu seras devenu un homme?
– Je ne quitterai jamais les Arpents. Il n'y a pas de plus bel endroit au monde. Et surtout ce soir, ajoutai-je en riant, avec un festin en train de se préparer!

Personne ne fut déçu, c'était un festin grandiose. Assis par terre sur des toiles à sac, chacun dégusta le poulet grillé à la braise, tout en écoutant s'élever les chants indiens que Joe nous traduisait au fur et à mesure. Ensuite, quelques hommes s'amusèrent à s'affronter au corps à corps, mais la joute n'était guère

équitable : ce gros géant de Johnny Faro dépassait tous ses adversaires d'une tête ou deux, de sorte que personne n'avait aucune chance contre lui.

La nuit avançait. Les feux de camp s'écroulaient doucement et les Ojibwas, un à un, se retiraient sous leurs tentes. Il était temps de rentrer à la maison.

– Où est ton père, Joe? demanda David. C'était tellement bien, cette fête, ce soir! Je voudrais lui dire merci.

Joe fit signe que c'était impossible.

– Il est dans la cabane, avec le conseil, dit-il. C'est demain que nous démarrons notre action et nos plans doivent être soigneusement mis sur pied. Les Ojibwas, autrefois, donnaient toujours un festin à la veille d'une bataille. Et demain, pour nous, c'est la guerre.

6. Les manifestants silencieux

Le lendemain matin, je devais aller, avec Papa et David, livrer en ville une douzaine de cochons que nous avions vendus. Paula resterait à la maison avec Anne et Maman, parce qu'elle déteste assister au départ des cochons.

Le jour où nous avions vendu le premier lot sur le marché, quelques mois plus tôt, elle en avait eu longtemps les yeux rouges; moi aussi, j'en avais éprouvé quelque malaise... Il fallait bien se douter qu'ils finiraient un jour dans l'assiette de quelqu'un, sous la forme de bacon frit. Mais maintenant, j'avais compris que la seule chose à faire était de ne pas y penser.

– Bon sang, active la manœuvre, espèce de lanterne! me tançait David. Une tortue est un cheval de course, à côté de toi.

– Ça va, j'arrive! lui dis-je, en me demandant si je devais ou non prendre mon manteau.

Le soleil était bon, dehors. Je le savais déjà, parce que j'étais allé faire un tour au camp indien avant le petit déjeuner, pour demander à Joe ce que le conseil avait décidé. Mais j'avais trouvé le camp désert, et j'étais revenu à la maison Gros-Jean comme devant.

Finalement, je pris mon manteau. On ne sait jamais. Et s'il neigeait? Dehors, Papa venait tout juste d'embarquer le dernier de nos passagers. Ils couinaient tout ce qu'ils savaient, et je me dis que j'en ferais bien autant, si j'étais eux.

David, debout à l'avant, m'attendait impatiemment en tenant la portière ouverte. Oh! ce n'était pas par politesse : simplement, il voulait avoir la place près de la vitre, et donc monter le dernier.

– On échange les places pour le retour, d'accord? lui fis-je promettre.

– Mais oui! soupira-t-il, sur l'air de « ne fais donc pas le bébé! »

En réalité, ça m'est égal d'être assis au milieu, il arrive même que Papa me laisse passer les vitesses pendant qu'il débraye; mais je ne voudrais surtout pas laisser David faire toujours ses quatre volontés.

Papa conduisait doucement, tout le long du chemin de terre. Puis ce fut la vraie route, en plein soleil, et notre camionnette prit de la vitesse, soulevant derrière elle un épais nuage de poussière. « On dirait une voiture blindée en plein désert de sable », me dis-je.

Cette idée de voiture blindée me conduisit à songer aux Indiens, et à leur campagne contre l'autoroute. Peut-être le chef avait-il informé Papa de leurs plans?

– Où sont partis les Ojibwas? demandai-je. Le sais-tu?

Papa fit signe que non.

– Tout ce que je sais, c'est qu'ils sont partis tôt, dit-il. Mais Joe n'a pas voulu me dire où ils allaient, et il a eu raison. Moins nous en savons, mieux cela vaut pour nous. En cas d'ennuis, nous n'avons rien à voir là-dedans. Et je pense qu'ils veulent mener cette affaire seuls.

– Ils s'attendent donc à des ennuis? demanda David.

– Il ne peut pas y avoir de manifestation sans imprévus, c'est une règle, dit Papa. Il y a toujours des excités qui rêvent de batailles.

– Mais Joe a bien dit que leurs manifestations resteraient pacifiques, protestai-je.

– Sans doute est-ce bien ainsi que l'entendent les Ojibwas, dit Papa. Mais il y a toujours deux partis dans une querelle. Et cette autoroute a ses partisans, tous ceux que sa construction va enrichir, pour commencer. Quiconque possède un lopin de terre incultivable justement situé sur le tracé ne sera que trop heureux de le vendre au gouvernement. Même certains fermiers des environs, par ici, sont tout à fait satisfaits de voir arriver cette autoroute. Ils y trouveront leur compte. Ils ne laisseront sûrement pas s'envoler cette aubaine sans se battre.

Je réfléchis à cet aspect de la question durant le reste du trajet. Je commençais à ne plus y voir très clair dans cette affaire : qui avait tort? qui avait raison? Puis le souvenir me revint des érables à sucre, et la question, pour moi, s'éclaircit.

Les cochons furent livrés à bon port, et je restai dans la camionnette pendant que Papa se faisait payer. Nous avions pris le chemin du retour et traversions le centre commercial lorsque David se mit à crier, d'une voix vibrante d'excitation :

– Hé! Regardez! Là-bas!

Il indiquait du doigt l'esplanade, au pied d'un grand magasin, où fourmillait une foule dense aux abords de l'entrée principale. Au milieu de cette foule, un petit groupe isolé brandissait des panneaux : les Ojibwas.

Papa rapprocha notre véhicule autant qu'il le put avant de se garer, et je sortis en trombe derrière David. Il n'était pas facile de se frayer un chemin à travers toute cette foule, mais les panneaux des manifestants pouvaient se lire d'assez loin, ils étaient brandis haut et leurs inscriptions s'étalaient en grosses lettres :

PAS D'AUTOROUTE SUR LES TERRES INDIENNES!

proclamait l'une. Et la suivante renchérissait :

PAS DE BULLDOZERS SUR NOS TERRES

ÉPARGNEZ NOS ÉRABLES

PAS D'AUTOROUTE EN TERRE INDIENNE

J'en dénombrai vingt-cinq. Toutes énonçaient la même chose, quoique en termes différents : *épargnez nos terres!*

– Qui c'est, ceux-là? demandait à son voisin un homme juste devant moi. Qu'est-ce que c'est que cette histoire?

– Ce sont des Indiens ojibwas, lui dis-je étourdiment. Le ministère des Transports a lancé un programme d'autoroute qui doit traverser leurs terres...

Les gens qui m'entouraient se mirent à me regarder, l'air fort intéressé.

– Et comment se fait-il que tu en saches si long, petit? me demanda quelqu'un.

J'étais tellement excité que j'allais lâcher le morceau quand David intervint en hâte.

– Oh! nous ne sommes pas tout à fait

ACME
PAS DE
EPARGNEZ NOS ERABLES !
PAS D'AUT
SUR LE
TERRES

sûrs que ce soit ça, dit-il. Mais nous les avons déjà vus dans une autre manifestation comme celle-là...

Quelques mètres plus loin, au milieu de la foule, David me morigéna sans tendresse :

– Espèce de crétin, ça ne va pas, non? Nous sommes censés ne rien savoir, tu l'as oublié ou quoi?

Nous avions traversé la mêlée humaine; là, devant nous, s'alignaient les Ojibwas, de part et d'autre de l'entrée du magasin. Ils ne bougeaient pas, n'empêchaient pas les déplacements, n'arrêtaient personne. Mais les gens s'arrêtaient d'eux-mêmes pour lire les panneaux et banderoles. Déjà deux ou trois journalistes essayaient de les interroger, mais les Ojibwas demeuraient silencieux.

Je reconnus plusieurs d'entre eux et ne pus retenir un petit signe, mais ils firent comme s'ils ne me voyaient pas, la mâchoire serrée et la mine résolue. A les voir ainsi intraitables, j'avais peine à imaginer que c'étaient les mêmes hommes que j'avais vus la veille, farceurs

et rigolards, autour du feu de camp.
– Ils ne sont que vingt-cinq, ici, chuchotai-je à l'adresse de David. Je me demande où sont les autres.
– Aucune idée. Viens, on retourne à la camionnette.

Le plan des Ojibwas se dessina plus nettement dans les jours qui suivirent. Leurs manifestations apparaissaient çà et là, comme autant de petits feux de broussailles, dans les villes et les bourgades autour d'Owen Sound et de Barrie, et plus bas vers le sud jusqu'à Guelph et Brampton. L'attention du public fut bientôt éveillée, et l'événement ne tarda pas à être suivi de manière quotidienne par la presse écrite, la radio et la télévision.

C'est dans notre car, en route pour l'école, que nous parvint le premier reportage radiodiffusé à leur propos. J'étais assis à l'avant, comme toujours, avec Tigger, et c'est tout juste si nous pouvions entendre la voix de l'animateur au travers du brouhaha familier qui régnait dans le bus bondé.

« Et maintenant, une petite nouvelle – pas trop triste – pour égayer votre lundi matin, chers auditeurs, disait-il entre deux disques. Plusieurs groupes d'Indiens, durant ce week-end, se sont livrés à une série de manifestations contre la nouvelle autoroute à quatre voies prévue par le ministère des Transports pour desservir la baie Géorgienne... »

J'ouvris grandes mes oreilles. L'animateur donnait une liste des agglomérations où s'étaient manifestés les Ojibwas. C'était exaltant, pour une fois, de se dire qu'on en savait plus que le speaker à la radio; il ne savait même pas qui étaient ces Indiens!

– Bon, vous vous taisez un peu, là-dedans? tonna soudain Danny. J'aimerais pouvoir écouter les nouvelles.

Il avait mis la radio à son plein volume et, dans le bref silence rétabli, la voix de l'animateur était à présent trop forte et déformée. Danny régla le niveau, et chacun put entendre :

« ... lors de chaque manifestation, à l'occasion desquelles les Indiens ont ignoré les journalistes qui tentaient de les interroger, et refusé de répondre aux questions posées par le public. Un porte-parole du ministère des Transports a démenti certaines affirmations erronées selon lesquelles l'autoroute, en cours de construction, devrait traverser une réserve indienne. Au point où en sont les choses, les revendications des Indiens ne sont pas encore claires, mais il est évident qu'ils ont l'intention d'intervenir contre le projet... »

– Nous, on les a vus à Collingwood! lança une voix depuis l'arrière du bus.

– Ils sont allés à Stayner, aussi! lança quelqu'un d'autre.

Une discussion animée s'ensuivit, sur la question de savoir ce que voulaient au juste démontrer les Indiens.

Comme la semaine s'avançait, l'habitude s'installa d'écouter les informations chaque matin dans le car scolaire. A l'occasion des cours d'instruction civique, des débats furent organisés pour essayer de démêler les droits des diverses parties en cause dans cette affaire d'autoroute. Lors de l'un de ces débats, notre classe fut partagée en deux. Suzy

Dobson avançait l'argument que l'autoroute aurait ceci de bon qu'elle réduirait le nombre d'accidents de la route.

– Complètement idiot! cria quelqu'un du fond de la classe. Il y aura encore plus de voitures, si bien qu'il y aura encore plus d'accidents, au contraire. Et nous, avec nos vélos, hein?

Ce fut le début d'une bruyante discussion dans laquelle chacun tentait d'imposer son point de vue en couvrant la voix des autres.

– Silence! cria le Pousse-Coude.

Et tout le raffut cessa d'un seul coup.

– Sachez qu'un débat doit être mené de façon méthodique, dit-il d'une voix sévère. Je ne le répéterai pas. Allons, voyons, Melvin, exposez-nous votre point de vue.

– Moi, je suis pour l'autoroute! déclara Melvin. Son tracé empiète sur nos terres à l'est, et le ministère des Transports nous indemnise pour un montant de cinquante mille dollars. Beaucoup d'autres exploitants sont dans le même cas que nous et seront indemnisés aussi, c'est pour cela que je suis partisan de l'autoroute. Cela fera venir de l'argent dans le secteur, et ce sera bon pour son développement...

Un autre camarade se leva pour parler à son tour, le visage crispé de colère :

– Eh bien, moi, je suis tout à fait contre. L'autoroute doit passer sur nos terrains, à nous aussi, seulement elle coupera notre exploitation en deux. Les indemnités n'y changent rien. Ce ne sera plus une vie pour nous, sur une ferme en deux parties, avec toutes ces voitures et ces camions qui passeront à vive allure, et avec toute leur pollution!

D'autres plaideurs intervinrent, et je notai que chacun envisageait l'autoroute selon la façon dont son passage l'affecterait personnellement. Même ceux qui s'élevaient contre elle ne le faisaient que parce qu'ils avaient quelque chose à y perdre. Et nul ne faisait allusion aux Indiens ni aux érables.

– Oui, John? pria le Pousse-Coude en réponse à mon bras levé qui se balançait comme un mât dans la tempête.

– J'ai l'impression, dis-je en me levant,

que nous oublions tous les Ojibwas. Eux, ils ne recevront pas cinquante mille dollars comme le père de Melvin. D'ailleurs, même si on les leur offrait, je suis sûr qu'ils n'en voudraient pas, parce que leur point de vue à eux, c'est surtout que la construction de cette autoroute va détruire un milieu, des arbres, effrayer des animaux sauvages... C'est un peu comme si nous démolissions leur religion, lambeau après lambeau...

– N'est-ce pas un peu exagérer les choses, John? intervint gentiment le Pousse-Coude. Malgré tout, je vous ferai remarquer, à tous, que John Clancy est ici le seul à examiner cette affaire sous un autre angle que le sien propre. Par exemple, Melvin est pour l'autoroute parce que sa famille y trouve son intérêt. John est donc plus proche de l'objectif d'un réel débat, puisqu'il envisage les choses du point de vue d'un groupe qui n'est pas le sien. Malgré tout, ce que nous devons essayer de faire, dans cette situation comme dans bien d'autres, c'est étudier la question sous ses multiples aspects. C'est le seul moyen d'obtenir la meilleure compréhension possible du problème dans son ensemble et, à partir de là, de prendre la meilleure décision possible.

Il faut avouer que le Pousse-Coude posait le problème de manière claire et équitable. C'était là, me semblait-il, la voix du bon sens. Mais Melvin se releva :

– Moi, je ne suis pas d'accord du tout, s'enflamma-t-il. Il y a toujours des gagnants et des perdants en toutes choses, et j'ai bien l'intention d'être un gagnant. Celui qui essaie toujours de se mettre à la place du type d'en face a toutes les chances de devenir perdant, il en est déjà à mi-chemin. Non, monsieur. Moi, j'envisagerai les choses de mon point de vue à moi. Je veux être gagnant, pas perdant.

Toute la classe fit silence, guettant la réponse du Pousse-Coude à cette tirade passionnée.

Il ôta ses lunettes et entreprit d'en essuyer les verres, lentement, d'un air détaché. Puis il darda sur Melvin un regard dur.

– Avec ce genre de raisonnement, vous feriez bien d'être prudent. Il est fréquent que les gagneurs se retrouvent du côté des perdants, au bout du compte.

7. Trahison

Nous avions droit à une récré de dix minutes, après le débat, et Tigger, assis sur mon bureau, me regardait avec curiosité.

– Comment se fait-il que tu en saches aussi long sur le point de vue des Indiens? me demanda-t-il. C'est de Joe que tu tiens tout ça?

J'hésitai un instant, encore sous l'emprise de la déception que personne n'eût songé aux Ojibwas ni aux érables. Je m'efforçais de considérer les choses depuis le point de vue de mes camarades, ainsi que le Pousse-Coude nous y avait conviés, avec pour résultat que je n'y voyais plus très clair dans les droits et les intérêts de chacun. Et cela ne m'aidait nullement de sentir près de moi Melvin qui, le regard en biais, me lançait des œillades meurtrières, pour me châtier de l'avoir contredit. Je lui rendis son regard furibond, le mettant au défi de passer à l'acte. Il ne bougea pas, et je me levai :

– Viens donc, Tigger, j'ai quelque chose à te dire. Mais pas ici, viens...

Il me suivit dans le couloir, puis jusque dans la bibliothèque, cet endroit bien tranquille. Deux ou trois petits de première année chuchotaient à l'entrée, et j'entraînai Tigger tout au fond. Là, à voix basse, entre deux rayonnages, je le mis au courant de tout : le camp indien aux Arpents, Joe et tout ce qu'il m'avait dit, et aussi la religion indienne, et comment le Grand Esprit se manifeste partout dans la nature.

– Tu comprends, ajoutai-je, c'est un peu leur religion que nous assassinons une fois de plus, avec cette autoroute, non?

Tigger haussa une épaule.

– Je t'avoue que je ne sais pas, pour leur religion; il me semble à moi qu'il y aura toujours bien assez de rochers, d'arbres, de montagnes et de rivières (il y en a tant!), quel que soit le nombre d'autoroutes que nous tracerons... Mais il y a une chose dont je suis sûr : pour gagner, dans ce genre de conflit, il y a intérêt à être fort. Les gens vous marchent dessus, si vous ne faites pas le poids. Et c'est pourquoi je ne crois pas du tout aux chances des Indiens : ils ne font pas le poids...

Sur le trajet du retour, dans le car, je ruminai ces fortes paroles. Ce que m'avait dit là Tigger, c'était un peu nouveau pour moi. Jusqu'alors, j'avais toujours cru que les gens, naturellement, agissaient selon la justice, simplement parce que c'est la justice. Finalement, pourtant, plus j'y réfléchissais et plus je comprenais qu'au fond la question n'était pas de savoir où se trouvent réellement le juste et l'injuste, le bon et le mauvais. Pour cette autoroute, par exemple, il y avait des gens qui l'estimaient néfaste, mais, qu'ils aient tort ou raison, la décision finale ne dépendait pas de cette question. Ceux qui l'emporteraient, ce seraient les plus forts – que la construction de cette autoroute fût un bien ou un mal.

– Tu es bien silencieux, ce soir, s'étonna Maman au souper.

On était vendredi soir et, d'ordinaire, le vendredi soir, je suis plutôt volubile, parce que c'est mon jour préféré, avec tout le week-end en perspective...

– Combien je parie, dit David, qu'il a encore écopé dix mille lignes avec le Pousse-Coude?

– Quelque chose qui ne va pas en classe, mon garçon? s'informa Papa.

– Ce n'est pas ça, dis-je, après avoir englouti une large cuillerée de potage aux clams. Seulement, je me demande si les Ojibwas auront assez de force pour arrêter la construction de l'autoroute.

– Ne t'en fais pas pour les Ojibwas, dit Papa. Tout m'a l'air d'aller bien pour eux. Leurs manifestations, en tout cas, ont réussi à attirer l'attention. Tout le monde en parle dans le comté et bientôt, j'imagine, ce sera dans toute la province.

– Ce n'est pas toujours le plus grand nombre qui l'emporte, ajouta Maman. Ce qui compte le plus, finalement, c'est la conviction que l'on met à se battre.

– Alors, ce n'est pas toujours l'argent qui l'emporte?

– Heureusement que non! L'argent est peut-être, en fin de compte, l'argument le moins fort.

David n'était pas du tout de cet avis, et la conversation devenait fort intéressante, lorsque quelqu'un frappa vigoureusement à la porte d'entrée.

– J'y vais, dis-je en reculant ma chaise. C'est sans doute les Ojibwas qui rentrent plus tôt que d'habitude.

Erreur. Celui à qui j'ouvris m'était complètement inconnu.

– Bonsoir. Reg Carfield, du *Globe.* Ton père est-il là?

Je fis oui du menton, sans mot dire. Un journaliste. Grands dieux! Que venait-il faire ici?

Je l'introduisis et, s'étant présenté, il lâcha sa petite bombe :

– Nous avons été informés que les Indiens qui manifestent un peu partout actuellement ont installé ici leur camp de base. J'aimerais parler avec vous de toute l'affaire, avoir votre point de vue sur cette autoroute, puis aller interroger les Indiens eux-mêmes. Ils se sont refusés jusqu'ici à toute déclaration, mais j'imagine que, sur leur campement, ils accepteront de parler...

Je le regardai, médusé. Enfin, c'était impensable, Tigger ne pouvait pas avoir vendu la mèche? Non, c'était exclu, il ne pouvait pas m'avoir trahi et s'être empressé de téléphoner au journal pour lui révéler tout ce que j'avais dit. Mais alors? Puisque personne d'autre n'était au courant...?

Papa interrogea Maman du regard. Manifestement, ni l'un ni l'autre ne savait s'il fallait parler.

– Je suppose que cela devait finir par se savoir tôt ou tard, d'où que vienne la fuite, dit Papa. Nous pouvons vous donner notre point de vue sur le projet d'autoroute, mais je ne sais pas si les Ojibwas accepteront de vous parler.

– Ça alors, c'est vraiment l'éléphant dans le magasin de porcelaine! souffla Paula, quand ils eurent disparu tous trois dans la pièce d'à côté.

– Tu l'as dit! approuva David. Je me demande bien comment ils ont pu trouver le campement!

– C'est de ma faute, dis-je, tout penaud. C'est moi qui l'ai dit à Tigger, à l'école.

Paula ouvrit des yeux tout ronds.

– Et Tigger aurait téléphoné au *Globe*? Mais pourquoi? Quelle idée! Tu ne lui as donc pas dit que c'était top secret?

– Bien sûr que si. Et il m'avait promis de ne pas le répéter.

– Je croyais que c'était ton meilleur ami?

– C'est mon meilleur ami.

David fronçait les sourcils.

– Tout ça me paraît bizarre, dit-il. Ça ne ressemble pas à Tigger, d'aller colporter un secret. Peut-être est-ce une coïncidence, peut-être quelqu'un les a-t-il vus entrer ou sortir de la propriété? Etonnant, tout de même, la vitesse à laquelle les journalistes peuvent surgir aussitôt...

Dès le retour des Ojibwas, à la nuit tombante, Papa alla parler à leur chef. Peu après, le conseil se réunit, dans la cabane, pour discuter avec le journaliste.

Pendant ce temps, David, Paula et moi avions rejoint Joe auprès du feu de camp, et c'est à la lumière des flammes que j'avouai à Joe, tout contrit, que c'était probablement de ma faute si le secret avait été percé à jour.

– Ne t'en fais pas! me rassura Joe. De toute façon, nous nous apprêtions à nous adresser aux journaux, maintenant. La seule raison de notre silence, jusqu'à présent, c'était d'attiser la curiosité du public, afin qu'on parle de nous le plus possible.

– Crois-tu qu'ils viendront prendre des photos du campement? demanda Paula en enfonçant des pommes de terre sous la cendre.

– Peut-être, dit Joe. Je crois que le reporter doit revenir demain matin avec un photographe.

J'eus un mal fou à m'endormir cette nuit-là. Je pensais sans cesse à ce journaliste, et je me tracassais pour savoir qui avait pu l'informer. Ce ne pouvait pas être Tigger, et pourtant...

Le lendemain matin, nous débarrassions la table lorsqu'une voiture arriva.

– C'est certainement le journaliste, dit Paula en se dépêchant de s'essuyer les mains. Je vais voir.

– Tu parles! Elle n'a qu'une idée : avoir sa photo dans le journal, railla David en mettant le nez à la fenêtre.

Mais j'étais déjà moi-même en route pour aller voir dehors.

J'y retrouvai Papa, qui était en train d'indiquer la direction du campement.

– Vous feriez bien de ne pas perdre de temps si vous tenez à les voir ce matin. D'ordinaire, ils partent plus tôt que ça, mais ils ont retardé leur départ pour vous.

– Je vais vous conduire! proposa Paula avec ferveur.

Comme nous marchions vers le campement, elle fut intriguée par le manège du photographe, qui semblait tenir à tout observer à travers son appareil, prolongé d'un long tube.

– C'est bien ça, un téléobjectif? finit-elle par demander.

– Oui, c'en est un. Avec ça, je peux prendre en gros plan un sujet situé à trois ou quatre cents mètres... Dites donc, c'est superbe, votre terrain. Cette vieille cabane de rondins est une merveille. C'est peut-être la plus belle de toute la province.

David entreprit de lui raconter l'histoire de notre cabane, pendant que le journaliste me posait des questions sur Joe.

– Votre père m'a raconté que cet Indien avait sauvé la vie de votre petite sœur, l'été dernier. Cette petite sœur, c'était

toi? demanda-t-il en se tournant vers Paula.

– Non, c'était notre toute petite sœur, Anne. Elle était tombée dans la cave aux racines, là-bas, près des rochers.

Le journaliste demanda à son collègue photographe de prendre un cliché de l'endroit.

– Ce genre de détail pimente un reportage, précisa-t-il.

Le photographe paraissait plus vivement intéressé par la cabane de rondins que par les Ojibwas eux-mêmes, et le journaliste dut attendre en piaffant qu'il en eût terminé avec ses prises de vue. L'autre s'attardait à mitrailler la cabane sous différents angles, avec et sans le chef et son conseil, plantés devant comme à la parade.

– Allons! venez donc, les enfants! nous invita enfin le photographe. On va vous prendre aussi. Mettez-vous là, à côté de Joe.

Il prit des clichés du campement au bord du ruisseau, puis des Ojibwas brandissant leurs banderoles. Je sentais que les Indiens commençaient à s'impatienter; ils voulaient partir, aller manifester.

– Où comptez-vous vous rendre, aujourd'hui? demanda le reporter.

– A Toronto, dit Joe. Queen's Park.

– Alors, nous allons vous suivre, si vous permettez. Ce sera une excellente conclusion pour ce reportage. Et cela vous fournira la meilleure publicité...

– Comment allez-vous présenter les choses? s'enquit Joe. Je veux dire : serez-vous pour ou contre nous?

– Notre boulot consiste d'abord à rapporter les faits, dit le journaliste. Mais il se trouve que je suis moi-même un ardent défenseur de la nature, si bien que vous trouverez sans doute que notre reportage penche plutôt de votre côté. Ajoutez à cela (il sourit) que ma femme sait faire les meilleures tartes au sirop d'érable que j'aie jamais goûtées. Alors, pensez si ça me fendrait le cœur de voir abattre ces arbres!

Je les regardais tous repartir lorsque Maman m'appela depuis la maison.

– John! On te demande au téléphone!

Je reconnus aussitôt la voix. C'était Melvin.

– Salut, Clancy. Ça va, chez toi?

– Ça va, et toi? dis-je, un peu estomaqué.

– Très bien, dit-il, très bien.

J'entendais en fond sonore des petits rires étouffés : Melvin avait toute sa bande avec lui.

– Bon, et alors, que me voulais-tu? m'impatientai-je.

– Oh! rien, je me demandais simplement si tu n'avais pas de la visite, voilà tout.

Il ricanait dans le combiné, et les rires en bruit de fond n'avaient plus rien d'étouffé.

– Je ne vois pas de quoi tu veux parler, dis-je. Il faut donc toujours que tu t'exprimes par énigmes, pauvre vieux maboul?

– J'sais pas, moi! pouffa-t-il. Je me demandais, comme ça, des fois, si tu n'avais pas reçu la visite de quelques journalistes, qui seraient venus te poser deux ou trois questions.

C'était donc ça! Ce n'était pas Tigger qui avait prévenu la presse, c'était Melvin, et tout s'expliquait. Il avait dû nous suivre en catimini dans la bibliothèque et surprendre ce que j'avais révélé à Tigg.

Je plaçai ma main sur le combiné pour lui éviter d'entendre la profonde aspiration que je prenais, histoire de retrouver mon calme. Oh! l'animal, le scélérat, le traître, le...! J'en bouillais intérieurement, tout en sachant fort bien que c'était précisément ce qu'il recherchait. Je grimaçai un sourire et retirai ma main du microphone.

– Ah! c'est donc toi que je dois remercier? dis-je de ma voix la plus suave. Oui, oui, bien sûr, les journalistes! Et comment, qu'ils sont venus! Ils viennent juste de repartir, précisément. Oh oui! c'était formidable, merci encore! Tu n'imagines pas ce qu'ils ont été sympas. Il ont pris des tas de photos, et ils vont écrire un reportage excellent en faveur des Ojibwas. Voilà des gens compréhensifs, je t'assure. Ce qu'ils vont écrire dans le journal fera comprendre au public que cette autoroute est une erreur, et les travaux seront sûrement arrêtés. Oui, vraiment, encore une fois, mille mercis! Je t'avoue que je ne pensais pas que tu nous viendrais en aide, je te croyais de l'autre bord! J'espère que tu n'auras pas trop d'ennuis avec ton père, quand il saura que grâce à toi l'autoroute ne passera pas!

Il avait écouté ma tirade sur un fond de silence, son orchestre de rires s'étant tu. Il y eut un déclic. Il avait raccroché.

8. Copains comme cochons

L'église de notre paroisse se dresse isolée au bord de la route principale, à des kilomètres de l'agglomération la plus proche, mais dans une position centrale par rapport aux fermes et aux exploitations agricoles du secteur. D'ordinaire, après l'office, tout le monde se retrouve sur le parvis pour bavarder un moment et ce dimanche ne fit pas exception, sauf pour nous.

C'était une douce matinée de printemps, les arbres étaient encore dénudés, mais le ciel, d'un bleu profond, et le soleil, qui faisait tout étinceler, compensaient l'absence de verdure. L'éclat du jour me fit cligner des yeux au sortir de l'église sombre, et je manquai de bousculer quelqu'un qui se tenait immobile au bas des marches du parvis.

– 'jour, Melvin, dis-je sur un ton joyeux, en plissant les yeux et en tâtonnant devant moi, les deux bras en avant, comme si j'étais un vieux grand-père qui n'y voit pas très clair.

Dans ce geste, malheureusement, je faillis l'éborgner et lui écrasai le nez.

– On n'a pas idée de rester planté là, mon petit... (Je fis chevroter ma voix, qui dut bien me vieillir de quatre-vingts ans.) On va te marcher dessus, mon pauvre enfant!

Il recula, et je repris ma voix normale :

– Au fait, Melvin, encore une fois merci pour avoir prévenu la presse, clamai-je bien fort. Tu ne pouvais vraiment pas nous rendre meilleur service!

– Attends un peu, Clancy, souffla-t-il. Tu verras. Rira bien qui rira le dernier.

Paula venait de sortir à son tour et de surgir à mes côtés.

– Celui qui attend trop pour rire le dernier, lança-t-elle, il lui arrive de ne pas rire du tout!

Je la regardai, admiratif.

– Pas trop mal trouvé, dus-je admettre. J'aimerais bien avoir des réponses dans ce genre à lancer.

Elle me dédia un de ses beaux sourires de chipie :

– Peut-être qu'en grandissant tu deviendras un peu moins nouille...

Du coup, je redevins le vieux petit grand-père, et je lui tapotai le crâne d'un geste amical, mais volontairement un peu dur.

Anne s'amusait avec deux amies et David, comme toujours, jouait les grandes personnes avec Chris, chacun des deux s'efforçant d'avoir l'air encore plus sérieux que l'autre. Paula, s'échappant de mes griffes, avait couru rejoindre des amies, et moi je me retrouvais avec mon éternel souci du dimanche matin, celui de trouver comment tuer le temps en attendant la fin de ces multiples bavardages. Il faut dire qu'aucun de mes amis ne fréquente cette église, puisqu'il n'y a pas de garçon de mon âge dans les environs, excepté Melvin, précisément. Celui-ci venait de rejoindre ses parents, près de la sortie de l'église. Ils ne pouvaient parler que d'une seule chose avec leurs voisins, je m'en doutais : les Ojibwas. Aussi, puisque après tout cette question-là me tenait à cœur, est-ce sans fausse honte que je dérivai de leur côté, pour essayer d'entendre ce qui se disait.

– Vraiment, cela m'étonne de Mme Clancy, affirmait la mère de Melvin. Je lui aurais cru trop de bon sens pour agir comme elle le fait, contrairement à l'intérêt général.

– Personne ne m'empêchera d'empocher cinquante mille dollars, disait le père. Et surtout pas une poignée d'Indiens. On devrait les obliger à lever le camp. Il faudrait que quelqu'un nous débarrasse de ces...

– Ne t'en fais pas, Papa! le rassurait Melvin. On les aura. On trouvera bien le moyen de leur faire débarrasser le plancher.

« On les aura, on les aura – ce n'est pas gagné d'avance, mon vieux! promis-je intérieurement. Dis-toi bien que je ferai tout pour t'en empêcher. »

A partir de ce moment, je compris que j'avais intérêt à garder Melvin à l'œil. Avec lui, on ne pouvait pas savoir.

Leur petit groupe s'écarta ostensiblement à l'apparition de Maman et Papa qui sortaient de l'église à leur tour. Je vis Papa prendre un air sombre : deux femmes venaient de tourner le dos à Maman, ouvertement, et le même scénario se reproduisit quelques mètres plus loin. Enfin la famille Brown, qui exploite une ferme voisine, se dirigea vers mes parents pour leur parler.

– Il fallait vous y attendre, Bill, dit M. Brown. Des quantités de gens, dans le secteur, s'apprêtent à gagner pas mal d'argent avec les indemnisations pour cette autoroute; on ne peut pas s'attendre à ce qu'ils voient d'un bon œil celui qui leur met des bâtons dans les roues.

– Les nouvelles circulent vite, à ce que je vois, dit Papa. Le téléphone n'a guère dû chômer depuis que le jeune Melvin a surpris mon fils à bavarder en classe.

– Oh! n'accusez pas trop vite votre fils,

dit M. Brown. On ne cache pas comme ça toute une tribu d'Indiens sans que ça ne finisse pas par se savoir.

– Mais nous ne les cachons pas! Nous leur fournissons le terrain de campement dont ils ont besoin. Et je n'accuse pas mon fils; c'est plutôt à ces amis qui tournent le dos si facilement que j'en veux.

Il se retourna vers ces « amis » qui regardaient ailleurs et dit bien haut :

– Je crois que le sermon, dimanche prochain, devrait évoquer la charité chrétienne. Il semble qu'on ait un peu oublié ce que c'est, par ici.

Un silence mortel nous escorta jusqu'à la camionnette. Il me semblait sentir les regards qui nous suivaient comme autant de piques dans mon dos. Une voix, pourtant, rompit ce silence, juste comme nous allions partir.

– Hé! Bill, moi je suis de votre côté, mon vieux!

– Et moi aussi! cria quelqu'un d'autre.

– Ouais, leur autoroute, ils peuvent se la garder dans les cartons! lança un troisième.

Papa se retourna et fit à ses supporters un grand signe de bras.
– Allons, au moins, nous ne sommes pas tout à fait seuls, dit Maman qui reprenait un peu de gaieté. Gageons que dans les jours qui viennent nous n'aurons pas de peine à distinguer nos vrais amis des autres.

Les jours qui suivirent, en effet, furent assez probants – tant pour les amis de mes parents que pour les miens. Cela commença dès le lundi.
– Bonjour les enfants! nous salua Danny comme nous montions à son bord. Avez-vous vu *le Globe* d'aujourd'hui? Non, sans doute pas encore. Tenez, regardez donc! Vous voilà devenus des célébrités...

Je dévorai des yeux la double page, à l'intérieur, qui titrait en grosses lettres : « LES ARPENTS » SUR LE SENTIER DE LA GUERRE.

Anne rebondissait sur son siège comme un ressort, tout émoustillée de se reconnaître en photo sur le journal. Sous le gros titre s'étalait un sous-titre, mais je ne pouvais pas le lire, tant la gigue de ma petite sœur faisait sauter le journal.

– Arrête un peu, girouette! lui dis-je d'un ton sévère.

– Tu m'as vue? demandait Paula. Je crois que cette photo me flatte; je ne suis pas mal du tout, là-dessus...

– Oui, c'est inouï ce qu'arrivent à faire les bons photographes! intervint David en gloussant.

Puis il éclata de rire en pointant l'index sur ma silhouette, au milieu d'une photo de groupe, auprès du chef et de son conseil.

– Dites, regardez John, là : on dirait un des sept nains!

L'instantané m'avait figé dans un sourire parfaitement niais, debout dans un creux à côté de Joe.

– Si tu te figures que tu es mieux, répliquai-je, avec tes airs de pape à un enterrement!

– Les Ojibwas ont l'air féroce, remarqua Paula.

– Dis, tu me lis ce qu'il y a d'écrit? implora Anne en me labourant les côtes.

Je lus l'article tout haut. Plus j'avançais dans cette lecture, plus je m'apercevais que le journaliste avait tenu parole :

« Il est temps de réviser notre échelle de valeurs, concluait l'article. Qu'est-ce qui a le plus d'importance pour nous : notre patrimoine naturel ou une autoroute? Le ministère des Transports devrait prendre le temps d'y songer, avant qu'il ne soit trop tard. »

– Hourra! triompha Paula. Voilà qui devrait arrêter l'autoroute.

– Si seulement c'était vrai! dit Danny en marquant la halte de chez Melvin.

Je terminai ma lecture en augmentant le volume de ma voix pour permettre à ce dernier d'en profiter. Il me décocha au passage un regard furibond et s'en alla s'effondrer, avec une lourdeur calculée, vers l'arrière du véhicule. Tout son cirque m'importait peu. Il aurait pu aller sur le toit sans m'émouvoir davantage.

Les deux premières heures de cours se déroulèrent on ne peut mieux. Une bonne partie de la classe avait déjà lu le journal et l'autre avait été mise au courant par les copains. Je glanai, par hasard, deux ou trois commentaires désobligeants, mais préférai les ignorer. Melvin et sa bande semblaient bien décidés à m'exaspérer à fond. Mais c'est seulement après la récréation, juste avant le cours de maths, que les vrais ennuis commencèrent.

J'étais pourtant arrivé là plein d'ardeur et d'entrain. Durant toute la récréation, je n'avais pas cessé de répondre à un feu roulant de questions concernant les Ojibwas. L'article dans le journal avait éveillé la curiosité de mes camarades, et tous ou presque voulaient en savoir davantage. Même ceux dont je savais qu'ils étaient en faveur de l'autoroute s'intéressaient aux Indiens pour eux-mêmes – exception faite de Melvin et Cie, évidemment. Eux, de toute la récréation, étaient restés invisibles.

Après la sonnerie, chacun réintégra la classe, fin prêt (ou résigné) pour une heure de mathématiques. Mais mon entrain s'effondra lorsque j'eus gagné mon bureau. Partout, sur mon cahier de maths, une main criminelle avait gribouillé :

CLANCY + INDIENS = LARRONS EN FOIRE.

Je sentis mes joues rougir de fureur. Mais Tigger me touchait le bras :

– Tu as vu, au tableau? me dit-il.

Et c'était écrit en grosses lettres :

LES CLANCY ET LES INDIENS SONT COPAINS COMME COCHONS.

Là, c'en était trop. Sans prendre le temps de réfléchir, je plongeai sur Melvin à bras raccourcis. Je lui ferais avaler ces paroles!

Il y eut un fracas épouvantable, et je m'écroulai avec mon adversaire dans la ruelle entre deux rangées de pupitres, tandis que les autres, en une mêlée indescriptible, se dépêchaient de s'arracher de là. Je reçus le coude de Melvin dans la pommette gauche et, l'espace d'un instant, je vis valser des étoiles; mais je l'avais déjà gratifié de deux ou trois bons coups de poing et j'étais bien décidé à le bourrer de coups tout mon soûl – jusqu'à l'intervention d'un tiers... Précisément, par-dessus le tohu-bohu général, venait de s'élever la voix

Les Clancy et
sont
comme

du Pousse-Coude, vibrante de colère :
– Debout! tous les deux, et dehors! Tout de suite!
– C'est lui qui a commencé. C'est Clancy qui s'est jeté sur moi, monsieur!
– Dehors! Tous les deux!

Une fois dans le couloir, et dans l'attente de la suite, je commençai à me calmer. Ma pommette meurtrie me cuisait cruellement, là où j'avais reçu le coude de Melvin; mais lui-même, visiblement, ne s'en tirait pas indemne, car il frottait précautionneusement son épaule, là où j'avais cogné comme un sourd.

Nous attendions notre sort sans mot dire, et j'en profitai pour tenter d'examiner l'événement, surpris moi-même par la réaction que j'avais eue. C'était bien la première fois que je me battais pour de bon, et je m'étonnais de n'avoir même pas tenu compte de l'avantage qu'avait sur moi Melvin, tant par la taille que par le poids. Il me semblait qu'à l'instant où j'avais bondi je n'aurais pas hésité, tant m'aveuglait la rage, même s'il avait été ceinture noire de judo. En outre, je n'avais pas envisagé un quart de seconde les conséquences inévitables...

Le silence s'était fait à l'intérieur de la classe. La porte s'ouvrit et je vis sortir Gordie, puis Kevin, suivis du Pousse-Coude.

– Bien, dit ce dernier. Vous allez me faire le plaisir, vous trois, de vous rendre au bureau de M. le Principal. Vous lui expliquerez que je vous ai envoyés, et surtout vous lui direz ce que vous aviez inscrit au tableau. Vous avez intérêt, tous, à raconter l'histoire en entier. J'irai vérifier votre récit plus tard; vous avez intérêt à ne pas déformer la vérité.

– Mais monsieur, voulut protester Melvin, c'était pour rire. Nous ne voulions rien faire de mal.

– Allez voir M. le Principal, répéta le Pousse-Coude d'une voix menaçante. Ou bien c'est moi qui vous y conduis.

– Et moi, monsieur? demandai-je, tremblant. Je n'y vais pas? Melvin a dit la vérité : c'est moi qui ai commencé, pour la bataille.

– Toi? me dit-il en suivant des yeux le trio qui s'éloignait le long du couloir.

C'est moi qui vais m'occuper de toi. Je te punirai moi-même. Ils t'ont provoqué, c'est vrai, mais ce n'est pas une excuse pour se battre. La violence n'a jamais résolu aucun problème, au contraire. Elle ne fait qu'aggraver les choses. Mille lignes, Clancy : « Je ne dois pas me battre en classe. »

Mille lignes! Je le savais furieux après moi, mais pas à ce point.

– Et maintenant, voyez-vous ce que je voulais dire à propos de ces plaisanteries sur les Terre-Neuviens? conclut-il. Elles non plus, elles ne voulaient pas faire de mal, elles aussi, elles étaient « pour rire », tout comme la petite mise en scène de Melvin et de ses amis. Pour rire! Voyez-vous jusqu'où cela peut mener?

Je baissai la tête, muet. Mille lignes. Même la petite satisfaction d'avoir pu cogner sur Melvin ne pourrait compenser la crampe!

9. La décision de Joe

– Tiens, ils rentrent tôt, ce soir! fit remarquer David en désignant l'allée.

Les Ojibwas descendaient de leurs véhicules dans la bousculade, les éclats de rire, les interpellations et les moqueries joyeuses. Deux des plus jeunes faisaient la roue dans l'herbe, c'était à qui tournerait le plus vite. Johnny Faro, sitôt qu'il vit Paula, l'empoigna avec ses grandes pattes et la souleva pour l'asseoir sur ses épaules. Puis il se mit à danser comme un grand diable, sans se soucier des cris de putois de Paula, de plus en plus aigus.

Je m'approchai de David et de Joe, qui

avaient le nez plongé dans le journal. Joe arborait un large sourire et montrait quelque chose à David.

– Nous n'avions pas tout vu, me dit David. Regarde, là, il y a encore une pleine page sur leur manifestation de samedi à Queen's Park.

– Ecoutez ce que dit le dernier paragraphe, demanda Joe : « Il doit y avoir aujourd'hui même une rencontre officielle entre le ministère des Transports et le département chargé des Affaires indiennes. Aucune déclaration n'a encore été faite, mais il semble que d'ores et déjà une enquête soit en cours sur une éventuelle modification du tracé de l'autoroute. »

Je comprenais pourquoi l'allégresse semblait régner chez les Ojibwas.

– Oh! ça ne veut pas dire que la partie soit gagnée, souligna Joe, prudent. Mais ils sont assez ébranlés pour se donner la peine d'étudier la possibilité d'un nouveau tracé.

Johnny Faro venait enfin de déposer Paula au sol, et elle accourut, hors d'haleine, pour reprendre son cartable.

– Je file à la maison pour me changer, dit-elle.

– Te changer en quoi? En sorcière? demandai-je.

– Changer de vêtements, pauvre idiot! répondit-elle, furieuse, en essayant de m'envoyer son cartable dans l'estomac.

Je brandis le mien comme un bouclier, mais la force du choc fit éclater une de ses coutures, et tous mes livres et cahiers dégringolèrent par terre.

Consterné, je contemplai le désastre. Je constatai de plus que Melvin avait barbouillé d'autres cahiers que celui de maths : l'équation idiote CLANCY + INDIENS = LARRONS EN FOIRE, gribouillée au feutre rouge, s'étalait à peu près partout.

Je m'agenouillai précipitamment pour tout ramasser, mais Joe avait déjà remarqué les inscriptions. Son air joyeux s'effaça tandis qu'il ramassait l'un de ces maudits cahiers.

– On dirait que tu as des copains, à l'école, qui ne sont pas très contents de ce qu'ils ont vu dans le journal, dis donc?

– Oh! ce ne sont pas *des* copains, c'est un seulement, celui dont j'ai déjà dû te parler; c'est fou ce qu'il est teigneux. Alors, il a trouvé ça pour essayer de m'avoir... (Je vis à son regard incrédule qu'il n'était pas convaincu, aussi je me tournai vers David et Paula pour les prendre à témoin.) Tiens, tu n'as qu'à demander à David et à Paula ce qu'ils pensent de lui. N'est-ce pas qu'il est mauvais, n'est-ce pas?

Le regard de Joe alla de David à Paula. Son visage s'était cadenassé. Je me lamentai intérieurement, car je ne devinais que trop ce qu'il ressentait : il s'en voulait d'être à l'origine de mes ennuis. J'insistai :

– Ce n'est pas du tout ce que tu t'imagines, dis-je, en réponse à la question qu'il ne posait pas. Je t'assure. Finalement, dans les environs, il n'y a pas grand monde à tenir à cette autoroute, tout juste quelques-uns qui y ont intérêt et qui s'entêtent, c'est tout.

– Mouais, grommela David, il y en a tout de même un peu plus que quelques-uns.

– Bon, peut-être, dis-je sans quitter Joe des yeux, mais il n'y en a quand même pas beaucoup que cette affaire rend mauvais... Au fait, il serait temps de nous changer. A tout à l'heure, après le repas!

Sitôt que j'estimai que Joe ne pouvait plus nous entendre, je houspillai David :

– Tu n'avais pas besoin de dire ça à Joe, enfin! Maintenant il va penser que, à cause de lui, nous avons des ennuis, et ça va le tracasser, tu peux me croire. Tu sais comment il est... Il se tourmente facilement.

– Bah! dit David, railleur. C'est plutôt toi qui te tourmentes facilement. Ne t'inquiète pas pour lui, il n'est pas en sucre. Et il a assez de bon sens pour se douter que ceux qui tiennent à cette autoroute ne sont pas disposés à nous encenser ou à nous couvrir de fleurs.

Paula se rangea de son côté :

– C'est vrai, ce serait idiot d'essayer de lui cacher la réalité. Il faut bien que les Indiens sachent, de toute façon, contre quoi et contre qui ils se battent. Et les choses risquent d'empirer avant qu'on soit tirés d'affaire.

– Il n'est pas question de cacher quoi que ce soit, dis-je, exaspéré de sentir que je m'étais mal fait comprendre. Simplement, il faut faire en sorte que la réalité n'apparaisse pas pire encore qu'elle n'est.

Ils avaient tort, et j'en étais certain. Bien sûr, Joe n'était pas un petit enfant que l'on doit protéger, ce n'était pas là ce que je voulais dire, mais je savais qu'il voyait les choses sous un autre angle que nous. Il y avait parfois des détails qu'il prenait moins à la légère que nous; et s'il jugeait qu'il nous causait du tort, qui sait ce qu'il allait faire?

Aussitôt après le repas du soir, nous redescendîmes au campement ojibwa. David et moi fûmes volontaires pour un petit corps à corps amical, à cinq contre cinq. Tout au plaisir de la lutte, je ne m'aperçus pas, non plus que David, que Joe s'était éclipsé. Un peu plus tard, alors que je reprenais mon souffle, je le vis qui débouchait de derrière les rochers. Je crus un instant qu'il revenait se joindre à nous, mais il se détourna et s'enfonça entre les arbres, en direction du ruisseau.

Assis devant le feu, les genoux relevés jusqu'au menton, j'écoutai un moment l'histoire que racontait Johnny Faro, où il était question d'un débutant à la chasse. Mais je ne l'écoutais que d'une oreille; mes pensées revenaient à Joe, et j'étais préoccupé. A la fin de l'histoire, je me levai et m'enfonçai à mon tour dans le sous-bois, écoutant s'éloigner, dans le silence du soir, les joyeux éclats de voix autour du feu de camp.

Joe était là, debout sur la berge. Il regardait fixement les tourbillons du ruisseau qui s'engouffrait entre les rochers. Je m'approchai de lui, mais il ne se retourna pas vers moi à mon arrivée. Pourtant, il savait que j'étais là.

– Le niveau monte, me dit-il au bout d'un moment. Il sera bientôt au plus haut, quand les neiges auront fondu sur les hautes terres.

Puis il lâcha, d'une voix égale, cette information qui me fit mal :

– Quand tout sera terminé, et que les

miens retourneront à la réserve, je repartirai avec eux.

Je ne voulus pas y croire :

– Mais pas pour toujours?

– Si.

– Pourquoi? Je croyais que tu te plaisais, ici.

– Je n'ai apporté que des ennuis à ta famille. Nous aurions dû établir notre camp là-bas, sur nos terres, et pas ici.

– Ne t'en fais pas pour ça, les choses se tasseront très vite lorsque tout sera fini.

Mais Joe secoua la tête.

– Il n'y a pas que ça. J'ai discuté avec ton père, pour tâcher de savoir jusqu'à quel point au juste nous vous avions apporté la poisse. Il m'a dit de ne pas m'en faire. Il m'a répondu, comme toi, que tout serait vite oublié. Puis il a ajouté qu'il avait une dette envers moi, dont il ne serait jamais quitte. Une dette..., répéta Joe, amer. C'était donc ça. Te souviens-tu, l'été dernier, que j'ai retrouvé Anne? Voilà pourquoi il nous a permis de nous installer aux Arpents. Pour rembourser une dette et non par amitié...

– Ce n'est pas ça! dis-je avec ferveur. Ce n'est pas du tout comme ça qu'il faut comprendre ce qu'il t'a dit!

Mais Joe ne répondit pas. Il regardait l'eau bouillonner tandis que je cherchais mes mots. Seulement, je n'en trouvais pas de justes, et plus je parlais, plus il hochait la tête.

– As-tu déjà dit à quelqu'un que tu avais l'intention de retourner à la réserve? demandai-je pour finir.

– Non. Pas encore.

– Alors, sois gentil, s'il te plaît. Ne le dis à personne, pas même à ton père. Attends que les tiens aient terminé et qu'ils fassent leurs paquets. S'il te plaît.

Il ne me demanda pas pourquoi. Il avait l'air plutôt fâché, mais il me dit :

– Bien. J'attendrai. Cela ne changera rien à rien, mais j'attendrai.

Le lendemain, à l'école, je fis l'impossible pour tenter de savoir ce qu'il était advenu de Melvin et de ses comparses dans le bureau du principal, mais en vain. Une seule chose était sûre : ils s'efforçaient maintenant plus que jamais

de faire échouer le plan des Ojibwas. Fort de cette certitude, je ne fus pas surpris de les voir comploter à maintes reprises, ouvertement, durant les jours qui suivirent.
– Regarde-moi donc Melvin et son gang! me dit Tigger à l'heure du déjeuner. Les voilà encore en plein conseil de guerre.
– Tu peux être sûr qu'il s'agit encore des Ojibwas, dis-je, et du moyen de leur mettre des bâtons dans les roues. Mais comment savoir ce qu'ils mijotent au juste? Quelque chose pourtant me dit que nous aurions intérêt à le trouver.
– On pourrait peut-être les espionner? Par exemple, en s'approchant assez. Je peux essayer, qu'en penses-tu?
– Non. Ils savent qu'on est ensemble. Tu penses bien qu'ils la boucleraient avant que tu en attrapes une miette. Ecoute plutôt (une idée me venait à l'esprit) : si tu pouvais les empêcher, d'une manière ou d'une autre, d'entrer dans la classe un moment? Il nous reste encore dix minutes de récré, et je crois que – pour la bonne cause – je vais aller faire ma petite enquête dans le pupitre de Melvin.

J'y trouverai peut-être quelque chose?

Tigger parut en douter.

– J'essaie de les retenir si tu veux, mais tu sais...

– Ecoute, si tu ne peux pas les retenir, alors tâche de les prendre de vitesse, et viens me prévenir lorsqu'ils arriveront.

– Vu.

Je me dirigeai nonchalamment vers les toilettes et de là, hors de vue, je filai en un éclair vers la classe.

Elle était déserte, comme prévu, ce qui n'empêchait pas mon cœur de battre à tout rompre quand je m'approchai du pupitre de Melvin. « C'est un cas de force majeure, me dis-je pour me donner bonne conscience, tout en farfouillant parmi les livres et les cahiers. Et d'ailleurs, je n'ai pas l'intention de dérober quoi que ce soit – tout ce que je cherche, ce sont des indices, des éléments d'information. » Sur ce point, il y avait de quoi être déçu : rien, je ne trouvais rien, rien que ses affaires de classe, et deux ou trois objets personnels sans importance.

Tout à coup, pourtant, sur une feuille

volante, mon regard fut accroché par un assemblage de lettres qui m'était familier : J. CLANCY, mais oui, et mon nom était couvert d'un gribouillis représentant des poignards. Melvin avait utilisé toute une belle feuille pour faire ces petits dessins : il n'y avait rien d'autre que mon nom, plus une quantité de gribouillages informes et puis, dans deux cercles, les chiffres 1 et 2.

La porte s'ouvrit, et mon cœur s'arrêta de battre un instant. Mais ce n'était que Tigger.

– Grouille-toi! me lança-t-il. Les voilà.

Je fourrai en hâte la feuille aux gribouillages dans le fin fond de ma poche et m'empressai de tout remettre en place sur le bureau de Melvin avant de me glisser devant le mien.

– Alors? Tu as trouvé quelque chose? demanda Tigger.

– Rien. Rien qu'un infâme gribouillage, avec mon nom à la place d'une cible.

– Je m'en doutais. Il n'est pas fou. Pas fou au point de laisser traîner des documents compromettants. Remarque, ça valait la peine d'essayer.

10. Un travail de détective

Tout le long du trajet, sur le chemin du retour, je tournai et retournai les mêmes questions dans ma tête. Comment arriver à savoir ce que complotait Melvin? J'étais tellement certain qu'il avait combiné quelque chose que j'élaborais les plans les plus fous : essayer de faire parler Gordie et Kevin en les appâtant, par exemple. Mais je n'envisageai pas longtemps cette hypothèse; d'abord, je n'avais pas de quoi les acheter. Leur arracher des aveux en leur flanquant une raclée? Il me venait presque des regrets de n'être pas du genre violent; mais non, au plus profond de moi je savais que le

Pousse-Coude avait raison. La violence ne résout rien. Et d'ailleurs, naturellement, je ne suis pas porté à la violence. Mais alors?

Melvin descendit. Après l'avoir regardé quitter le car, je sortis de ma poche la feuille que j'avais subtilisée. Et si ce barbouillage signifiait autre chose que son ardent désir de me transformer, au moins sur le papier, en cible de jeu?

Je ne voyais vraiment pas comment déchiffrer un message intelligible à partir d'un torchon pareil. Au beau milieu de la feuille, deux longues lignes se croisaient à angle droit; en haut s'élevait une sorte de tourbillon, surmonté de nombreux petits traits verticaux, comme si le dessinateur avait cherché à aiguiser la pointe de son crayon sur le papier.

– Tiens? Qu'est-ce que c'est que ça? s'enquit Paula, venue s'asseoir à côté de moi.

– A ton avis, à quoi ça ressemble?

– Tu n'as pas besoin de te mettre en rogne! Moi, je te demandais ça comme ça!

– Justement! Moi aussi, je te demande ça comme ça. Je ne suis pas en rogne! J'aimerais savoir ce que tu y vois.

Paula me prit le papier des mains et l'examina sous tous ses angles, l'air perplexe.

– Il y a quelqu'un qui voudrait bien te jeter un sort, c'est sûr, conclut-elle; mais à part ça, je n'y vois qu'un gribouillage sans queue ni tête. Où as-tu trouvé ça?

Je la mis au courant de mes soupçons à propos de Melvin et Cie, de leurs récents agissements et de la petite conversation que j'avais surprise près de l'église.

– Evidemment, ce ne sont que des présomptions. Mais, du coup, j'ai cru bon de faire ma petite enquête dans son pupitre, tout à l'heure, alors que la classe était déserte.

– Ce n'est pas très honnête, comme procédé, dit Paula. Et tu as de la veine de ne pas t'être fait prendre.

David à son tour inspectait le papier, par-dessus nos épaules, le buste appuyé contre le dossier de mon siège.

– Mon pauvre vieux, finit-il par dire en

se renversant sur son dossier, tu te fais bien du souci pour rien.

– Ah oui? répliquai-je. Ah oui? Tout comme lundi dernier, n'est-ce pas? Je t'avais dit qu'il ne fallait pas évoquer devant Joe les ennuis que nous avions. Là encore, je me faisais trop de soucis, hein? Et maintenant...

– Joe ne s'en ira pas, j'en suis sûr. Il aime trop les Arpents pour s'en aller.

– On verra. Mais Melvin mijote quelque chose de méchant, j'en suis sûr, et je ne vais certainement pas rester là à me tourner les pouces en attendant qu'il arrive à ses fins. Je ne suis pas fataliste, *moi*.

Il n'apprécia pas cette dernière remarque.

– Ecoute, John, me dit-il sur le ton d'un adulte sermonnant un petit. Imaginons que Melvin cherche effectivement à nuire; que voudrais-tu qu'il fasse? Il ne peut pas obliger les Indiens à s'en aller, puisqu'ils campent sur le terrain de Papa, et avec sa permission. Il ne peut pas leur faire peur – qui aurait peur d'un Melvin? Il ne peut pas monter contre eux une coalition de grandes personnes – qui voudrais-tu qui prête attention à lui? Et même s'il a une idée derrière la tête, tu ne peux l'empêcher de la réaliser que s'il passe vraiment à l'action. Ne compte pas sur lui pour te mettre au courant de ses projets; quant au raid dans ses affaires, tu vois bien que ça n'a rien donné. Alors? Tout ce que tu vas gagner, à ton petit jeu, c'est des ennuis pour toi – de vrais ennuis, pas des ennuis imaginaires.

– Parfait. Tu m'avoueras que tu n'es pas toi-même d'une grande aide, lui dis-je. C'est tout ce que tu sais faire, si je comprends bien : aligner des raisons pour ne pas intervenir. C'est tout ce que tu trouves, comme suggestion constructive.

– Oh! j'abandonne, soupira-t-il. Tu es vraiment un cas désespéré. Si tu veux te faire du mauvais sang, vas-y, fais-toi du mauvais sang. Mais n'attends pas des autres qu'ils en fassent autant.

– Je n'attends rien du tout de toi! dis-je, furieux.

Paula me fit taire d'un coup de coude.

– Vous avez fini, vous deux? Vous discutaillez pour le plaisir, ma parole! Mais tu sais, John, je crois que David a raison : je vois mal ce que Melvin pourrait faire pour causer du tort aux Ojibwas. Il nous est hostile, c'est vrai, mais en même temps il est inoffensif. Ne pense donc plus à lui.

N'y pense plus! C'était facile à dire. Mais moi, je connaissais Melvin mieux qu'eux, et je savais à quel point il pouvait être perfide. Aussi, les jours qui suivirent, je m'efforçai de l'épier sans trop attirer son attention. J'allai jusqu'à faire un tour en vélo, un soir, du côté de l'exploitation de ses parents, mais je n'y décelai, à première vue, rien d'anormal. Pas de réunion suspecte d'adultes, en particulier, comme je l'avais redouté. Non, rien que l'habituel train-train d'une grosse ferme. Si bien que je commençais à me demander si David et Paula n'avaient pas raison. Peut-être était-ce moi l'idiot, finalement, avec mes soupçons et mon espionnage perpétuel. Tigger lui-même commençait à être fatigué d'avoir pour ami un détective aux aguets, et il finit par déclarer que je souffrais d'une « melvinite aiguë »! Pourtant, le vendredi, je sus que ma persévérance avait du bon.

C'était pendant la récréation de midi. Je vis Kevin et Gordie aller aux toilettes, et je les suivis discrètement, gardant juste la distance voulue pour ne pas me faire repérer mais pour pouvoir entendre ce qu'ils se diraient.

– J'aurai quelques minutes de retard, demain, entendis-je Kevin dire à Gordie. Il faut d'abord que je fasse ma tournée des journaux.

– Parfait, dit Gordie. Viens chez moi dès que tu as fini, et nous irons à vélo ensemble.

– Dis, ça fait une trotte, pour aller jusque chez Melvin, ronchonna Kevin. Et puis, j'aimerais mieux ne pas me mêler de cette affaire. Et si on se faisait prendre, hein?

– Tu ne vas pas te dégonfler maintenant, dit Gordie. Et puis, c'est un trop joli programme pour laisser tomber l'occasion. D'ailleurs (il avait encore baissé la voix), il n'y a aucun risque de se faire prendre. Dans ces bois, il n'y a jamais un chat. Qui veux-tu qui puisse nous voir?

Jamais un chat? Oh! que si, il y en aura un, leur promis-je intérieurement. Moi, j'y serai, je surveillerai vos moindres gestes.

Je dormis mal, cette nuit-là, comme chaque fois que je dois me lever tôt le lendemain. J'avais décidé d'agir seul et de n'avertir personne, de peur d'être sur une fausse piste. Même Tigger n'était pas au courant.

Le ciel était gris et couvert lorsque, aux premières lueurs du jour, je m'élançai sur la route en vélo. Dans le petit matin frisquet, les gravillons crissaient sous mes roues. Enfin j'atteignis la route principale, plus lisse et plus rapide. Une demi-heure plus tard, j'enfonçais mon vélo dans les fourrés du sous-bois, juste devant l'entrée de chez Melvin.

Là, je m'aménageai une cachette dans les broussailles, et je pris position pour attendre la venue de Kevin et Gordie. J'avais supposé que leur rendez-vous devait se situer aux environs de neuf heures. Cela devait laisser le temps à Kevin de faire sa « tournée des journaux » et de se rendre à bicyclette chez Gordie, puis chez Melvin. L'heure exacte n'avait guère d'importance. Depuis mon poste d'observation, j'avais vue sur l'allée qui conduisait jusqu'à la maison où habitait Melvin. Si quelque chose bougeait par là-bas, je ne pourrais manquer de le voir et je me sentais prêt à faire le guet toute la journée s'il le fallait.

C'était un peu frais, comme poste de guet. Le sol était froid et détrempé sous l'effet du dernier dégel, mais cela m'était un peu égal. Ce ne pouvait être pire, de toute façon, que la dernière fois que j'avais campé. Cette fois-là, je m'étais gelé jusqu'à l'os. Aujourd'hui, c'était tout juste inconfortable.

Vers sept heures et quart, la ferme commença à donner signe de vie : des bruits de portes, de mystérieux claquements, puis la toux d'un tracteur dont le moteur se réveille. Il fallut une éternité, me sembla-t-il, avant que le staccato du moteur diesel s'éteignît dans le lointain, emmené par son conducteur vers quelque pâture, le long de l'un des chemins de la ferme.

La circulation était assez insignifiante, à cette heure matinale; il ne passait guère que des camions et des fourgonnettes, de temps à autre, et une ou deux voitures par-ci par-là. Sur le coup de huit heures, je reconnus quatre véhicules, qui se suivaient résolument. Ils étaient bourrés d'Ojibwas. Je me surpris à me demander ce que penserait Joe s'il me savait dans ce fourré, et pour quelle raison. J'espérai qu'il ne penserait pas que j'étais complètement fou.

A neuf heures passées, Kevin et Gordie n'étaient toujours pas en vue. Vers neuf heures et demie, je vis Melvin sortir de la ferme. Il se dirigea vers un bâtiment adjacent et en ressortit avec sa bicyclette. Enfin.

Et il se mit à pédaler droit dans ma direction. Il grossissait, grossissait, je le voyais si clairement que j'avais peine à croire qu'il ne me voyait pas, même bien caché comme je l'étais. Je m'aplatis encore un peu plus et le regardai s'arrêter au bout de l'allée et appuyer son vélo

contre la clôture. Il jeta un coup d'œil vers un des côtés de la route, puis consulta sa montre.

Cinq minutes s'écoulèrent. Cinq minutes durant lesquelles je n'osai remuer, de crainte de faire bruire le fourré et d'attirer l'attention sur moi. Melvin n'arrêtait pas de regarder sa montre, l'air impatient. Puis il revint à son vélo et réajusta quelque chose sur son porte-bagages.

Je cherchai intensément à voir ce dont il s'agissait. Melvin réajustait une courroie, mais je ne voyais pas ce que la courroie retenait. Puis, d'un seul coup, je reconnus ce que c'était : une hache. Une hache dont le long manche dépassait sa selle. « Qu'a-t-il donc l'intention de faire avec une hache? » me demandai-je. Je n'eus pas le temps d'y réfléchir davantage : Kevin et Gordie pédalaient à sa rencontre.

– Vous êtes en retard, dit Melvin, accusateur.

Kevin se jeta à bas de son vélo et le laissa tomber par terre, puis il s'étira avant de répondre :

– Pfffou! Je suis lessivé! Je me suis levé

drôlement tôt pour faire ma tournée, moi, ce matin!

– Mieux vaut tard que jamais, dit Gordie. Tu as une hache?

Melvin pointa le doigt vers sa bicyclette :

– J'avais dit que j'en aurais une, et j'en ai une. Bon, vous venez? On a encore du chemin à faire.

– Pitié, s'il te plaît! gémit Kevin. J'ai les jambes en coton.

– Tu n'as qu'à te reposer, nous on y va, dit Melvin en enfourchant son vélo. En route!

Je les regardai se mettre en selle et j'attendis qu'ils soient presque hors de vue avant de sortir moi-même de ma cachette. A ce moment-là surgit un gros camion, et je dus attendre son passage pour traverser à mon tour; ils avaient disparu. Mais ce n'était pas grave. Je savais où ils allaient.

Je me mis à pédaler avec ardeur, tant et si bien que bientôt ils réapparurent à l'horizon. Je réussis à combler encore un peu l'écart qui les séparait de moi, et je ne ralentis que lorsque j'estimai me trouver à distance raisonnable et sûre. Là, je réglai ma vitesse sur la leur. Ils n'allaient d'ailleurs pas bien vite, Kevin devait vraiment être fatigué.

Le ciel s'était dégagé progressivement, et de grands pans de ciel bleu apparaissaient, à l'ouest, dans la houle des nuages. Il n'y avait pas un souffle de vent, un jour rêvé pour faire du vélo! J'aurais même pris plaisir à la promenade s'il n'y avait eu cette obligation de surveiller sans cesse ma vitesse et la distance à conserver sur mes prédécesseurs.

Suivre quelqu'un à son insu, c'est tout un art, et je venais seulement de l'apprendre : lorsque j'avais pris Melvin en filature. Et j'avais bien failli, une fois, lui rentrer dedans! Je l'avais vu tourner, je l'avais suivi, mais, surprise! il s'était arrêté juste après pour discuter avec quelqu'un. Aussi, maintenant, chaque fois que j'atteignais le haut d'une côte ou que j'abordais un virage, je redoublais de circonspection : et s'ils avaient justement fait halte? Mais cette difficulté ne se présenta pas. Ils me conduisirent non loin des Arpents, à douze ou treize cents mètres de chez nous, avant de s'arrêter et de s'enfoncer dans le sous-bois avec leurs vélos à la main. Je leur laissai quelques minutes d'avance, puis je m'enfonçai à leur suite, après avoir camouflé ma bicyclette de l'autre côté de la route.

Là, sous les arbres, gisaient leurs vélos. Au premier coup d'œil, je pus constater qu'ils avaient emporté la hache.

11. Cas de conscience pour Danny

Le terrain qui s'étend à l'est des Arpents, entièrement boisé, appartient à la Compagnie d'exploitation forestière du Sud. C'est le ruisseau qui marque la limite entre ces terres et les nôtres, non loin de la brèche où l'eau franchit la barrière rocheuse. Et c'était là que venait de s'arrêter mon gibier, juste en face du camp indien. Le trio à présent était en train d'escalader les rochers, à l'endroit où reprend, plus abrupte que jamais, l'épine dorsale de pierre. Je me camouflai derrière un jeune pin au branchage dru et je les vis, parvenus là-haut, qui s'installaient à plat ventre et examinaient le camp ojibwa.

J'étais malheureusement trop loin pour entendre leur conversation, mais il était clair qu'ils avaient des difficultés à se mettre d'accord. Gordie désignait du doigt un arbre proche de la brèche, mais Melvin, avec des gestes de dénégation, en indiquait un autre, plus petit, situé un peu plus en aval. Après avoir longuement discuté, ils se remirent debout, inspectèrent le camp du regard, comme pour vérifier qu'il était désert, puis ils descendirent de leur perchoir et, reprenant la hache, ils se dirigèrent vers le petit arbre.

Que faire? Comment les arrêter? Je me mordais les lèvres sans pouvoir rien décider. Voilà qu'ils s'étaient mis au travail : l'un après l'autre, chacun à son tour, ils plantaient la hache dans le jeune tronc, faisant voltiger des éclats de bois dans toutes les directions. Ils étaient trois, et j'étais seul. D'ailleurs, l'arbre auquel ils s'attaquaient n'était pas situé chez moi, et je me trouvais tout autant qu'eux en infraction sur une propriété privée.

Un craquement, un bruit de chute : l'arbre était au sol. Melvin laissa à Kevin et à Gordie le soin d'émonder les branches latérales et se dirigea vers la brèche entre les rochers. Mon sang ne fit qu'un tour. Non! ce n'était pas possible! Melvin était idiot, parfois, mais il n'allait tout de même pas barrer le ruisseau!

Convaincu de vivre un cauchemar, je vis les trois garçons revenir à l'arbre gisant, prendre ses dimensions en comptant et recomptant leurs pas puis en retirer, d'un coup de hache, environ trois mètres au sommet. Kevin déblaya les alentours des branches qu'il venait de couper, comme pour dégager la voie en direction du ruisseau. Je les vis peiner pour faire rouler le tronc en direction de l'eau et je les perdis de vue au moment où ils descendirent vers la berge.

Ainsi donc, me dis-je en m'adossant à l'arbre, voilà ce que Melvin mijotait! « Les obliger à lever le camp », avait dit son père, et c'était exactement ce que Melvin s'apprêtait à faire. Son plan était clair : il suffisait de barrer le ruisseau juste en aval du camp et, comme la crue de printemps s'annonçait imminente – elle surviendrait d'un jour à l'autre –, l'inondation était certaine. Plus j'y réfléchissais, plus je me sentais bouillir de rage, au point que je faillis me ruer sur mes ennemis aussitôt. Mais je me raisonnai : j'aurais largement le temps, après leur départ, de trouver le moyen de démolir leur barrage. Le plan de Melvin échouerait, j'y veillerais.

Tous trois demeurèrent longtemps hors de ma vue, à s'affairer sans doute à leur ouvrage. Le temps passait si lentement que je dus me retenir plusieurs fois pour ne pas aller voir. Pourtant, il fallait faire preuve de patience, il était inutile de prendre des risques. Finalement, je les entendis remonter de la rive et je me tapis contre mon arbre. Ils riaient et se félicitaient de l'excellente besogne accomplie.

– Avec ça, ils décamperont presto! disait la voix de Gordie. Dommage qu'on n'ait pas pu se procurer un treuil ou un palan, ou un instrument dans ce genre. Ça nous aurait bougrement été utile.

– Ne vous en faites pas, disait Melvin, je tâcherai de nous trouver ça.

Ils passèrent à six ou sept mètres de ma cachette. Melvin balançait négligemment sa hache autour de lui, décapitant tout ce qui dépassait. J'attendis de ne plus les entendre du tout, puis je sortis en hâte de derrière mon arbre pour aller examiner leur travail.

C'était du bon ouvrage, il fallait le reconnaître. Le tronc était calé entre les deux murailles rocheuses, coincé par ses deux extrémités, submergé juste ce qu'il fallait pour affleurer presque la surface de l'eau tout en demeurant invisible pour l'observateur non averti. Je plongeai un bras dans l'eau (elle était glaciale), mais l'arbre était parfaitement coincé et je ne pus l'ébranler d'un centimètre. Melvin avait fait là du boulot meilleur encore que je ne l'avais craint.

Alors je courus d'un trait à la maison pour appeler à l'aide. Maman, mise au courant, eut l'air horrifiée.

– Mais... c'est tout notre terrain qui risque d'être inondé! dit-elle. L'eau remontera tout le long de l'arête rocheuse. Le seul autre passage possible, pour toute cette eau, ce serait là où est bâtie la cabane.

– Exact, souligna David. Il va falloir trouver un moyen d'enlever ce tronc. Ne t'en fais pas, Maman, le barrage des castors retient le plus gros des morceaux de glace et des débris que charrie le ruisseau. Les seuls qui pourraient venir s'accumuler contre cet arbre sont ceux qui tombent à l'eau entre le barrage et ici; ça ne doit pas faire lourd, pas de quoi arrêter le ruisseau, en tout cas... On verra ce soir ce que Joe peut faire.

– Oui, j'espère que cela peut attendre, dit Maman à regret. Mais tout de même, ces garçons, quels petits imbéciles! Je téléphonerai à votre principal, lundi, et lui en parlerai. On n'a pas idée de faire ça!

Plus tard, dans la soirée, je descendis avec Paula rejoindre le campement des Ojibwas.

– Crois-tu que Maman téléphonera pour de bon au principal? demanda Paula. Moi, je crois que oui; elle était vraiment furieuse.

– Oui, mais sa colère risque d'être un peu retombée, d'ici là. Ce qui est sûr, c'est que si j'étais Melvin, ce n'est pas tellement du principal que j'aurais peur, mais plutôt du Pousse-Coude! Hou la la! S'il en entend parler, j'aime autant que ce soit Melvin que moi!

– Tu verras, promit Paula, moi je rafraîchirai la mémoire de Maman, lundi matin. Melvin ne peut pas s'en tirer comme ça, ni Kevin et Gordie. C'est trop bête que Papa ne soit pas là, justement. Lui, il saurait que faire pour déloger cet arbre.

Papa était parti tôt le matin, ce jour-là. Il serait absent quelques jours, pour un achat de bétail je crois. Mais je ne m'inquiétais pas trop, Joe saurait nous tirer d'affaire.

– Tu verras, dis-je, Joe saura lui aussi ce qu'il faut faire.

Le soir tombait, le bleu du ciel s'assombrissait et les silhouettes des ramures se fondaient les unes dans les autres. Les brindilles mortes, sous nos pieds, produisaient des craquements qui contrastaient curieusement avec le moelleux du sol dégelé. Les Arpents renaissaient à la vie, il n'y avait plus de neige nulle part.

– Je ne sais pas si tu as remarqué, il n'y a plus de neige, dis-je à Paula.

– C'est vrai. Et ça veut dire que la crue de printemps est toute proche.

Nous n'étions plus très loin du camp et les Ojibwas étaient là : de minces filets de fumée s'élevaient au-dessus des arbres, et bientôt nous parvint le parfum du feu de bois. Un bosquet de pins à traverser, et nous débouchions dans la clairière, où deux feux crépitaient déjà. Les Indiens étaient tous de retour. Certains se reposaient près du feu, d'autres cuisinaient. Nous connaissions à présent bon nombre d'entre eux par leur nom et, sans notre hâte à retrouver Joe, nous nous serions volontiers arrêtés pour bavarder un peu. Mais le temps pressait. Il fallait que Joe puisse voir cet arbre avant la nuit.

– Bonsoir, vous autres! nous dit-il, tout joyeux.

Sa bonne humeur ne faiblit pas lorsque je lui appris qu'un arbre était coincé

entre les rochers, dans le ruisseau.
– On verra ça, dit-il, ce n'est pas grave. Il suffira de l'enlever. Qu'est-ce que c'est? Un pin mort qui est tombé?
– Non, dis-je. C'est bien un pin, mais il n'était pas mort. Il a été abattu et placé en travers exprès. Il y a quelqu'un qui veut inonder les Arpents.

Tout l'entrain de Joe retomba.
– Quelqu'un qui veut inonder notre camp, tu veux dire?
– C'est cette espèce de pauvre type, Melvin, avec sa bande.

Joe se leva.
– Montrez-moi ça.

Joe essayait d'ébranler l'arbre et de le déloger lorsque survint Paula, accompagnée de Johnny Faro. Après trois mots d'explication, Johnny descendit dans le ruisseau et s'avança dans l'eau, qui lui arrivait jusqu'à la taille. Il passa ses bras sous le tronc, ferma les yeux et se raidit si fort que ses biceps semblaient près d'éclater. Il eut un grognement involontaire, se détendit, puis essaya encore une fois, le visage grimaçant sous l'effort. Joe, à son tour, s'avançait dans l'eau, mais

Johnny secoua la tête et lui fit signe de ressortir :
– Impossible de le faire bouger, dit-il en regagnant la rive. Il faudra le débiter.

Il sortit de l'eau en frissonnant et retourna au camp se mettre au sec. Il restait si peu de lumière du jour que l'eau du ruisseau, devenue presque noire, avait quelque chose de sinistre, comme si la nuit en changeait la nature.

Paula fixait le ruisseau, l'air perplexe.
– Je ne vois toujours pas ce qu'espère Melvin avec ce tronc en travers, dit-elle. Ce n'est pas comme un barrage; ici, l'eau passe dessus et dessous, elle n'est pas stoppée.
– Il espère que tous les débris charriés par la crue de printemps vont venir s'accumuler là, expliqua Joe. Des branches, des racines arrachées à la berge, des brindilles, des morceaux de glace, toutes ces choses-là, ça finit par faire un barrage.
– Mais ça n'a pas l'air de t'inquiéter?
– Non, parce que le barrage des castors arrête déjà ces débris, un peu plus haut. Il n'y a donc pas de quoi s'affoler. C'est

une belle vacherie de la part de votre copain, mais son truc ne peut pas marcher. Ici, nous sommes à l'abri.

Paula n'était pas si facile à convaincre.

– Comptez-vous débiter l'arbre demain matin, comme le disait Johnny?

Joe haussa les épaules.

– Ce n'est pas si simple. Et demain nous aurons d'autres chats à fouetter...

Paula était déçue, c'était facile à voir. Mais que pouvions-nous faire, nous autres, sinon attendre?

– Ce crétin de Melvin! tempêtait Paula. C'est lui, tiens, qu'il faudrait faire venir ici et forcer à enlever cet arbre!

Le lundi matin, elle ne manqua pas de tenir sa promesse, avant de partir pour l'école :

– Maman, tu n'oublieras pas, dis? Tu avais parlé de téléphoner à M. Wakelin...

– Ne t'inquiète pas, c'est la première chose que je vais faire. Mais dépêchez-vous, maintenant, sinon vous allez manquer le car.

Elle avait raison, nous étions en retard. Mais Danny nous attendait sur le bord de la route. Comme pour le retarder encore, par malchance, Melvin n'était pas à son arrêt lui non plus; en retard...

– Ce n'est pas mon jour, décidément, soupira Danny. Je lui accorde cinq minutes.

Il coupa son moteur et se retourna vers nous, histoire de bavarder un peu.

– Alors, ils vont bien, vos amis les Indiens? demanda-t-il. En tout cas, pour maintenir la pression, ils s'y entendent. Je suis descendu à Toronto, hier, et ils étaient là-bas, ils remontaient Yonge Street, avec leurs banderoles. Il faut dire que ça créait quelques embouteillages... Oh! la partie sera serrée! J'ai entendu dire que les bulldozers seraient sur leurs terres la semaine prochaine.

– Ils ne laisseront sûrement pas les bulldozers déraciner leurs arbres! s'écria Paula sur un ton féroce. Ils se mettront en travers s'il le faut.

Danny se mit à rire.

– J'aime autant que ce soit eux que moi!

Je n'apprécierais pas de me trouver devant les chenilles d'un de ces gros engins. Surtout que les conducteurs ne sont pas toujours commodes; il y en a qui ne s'arrêteraient pas!

Je scrutais anxieusement à travers la vitre du car, cherchant des yeux Melvin qui n'apparaissait pas. Quelque chose me disait qu'il n'allait pas venir, et ces cinq minutes s'étiraient à n'en plus finir. Danny regardait continuellement sa montre, et je traversai l'allée pour aller m'asseoir à côté de David.

– Combien je te parie que je sais où il est? Il est allé voir si son système fonctionne...

– Ce n'est pas prouvé. Il est peut-être malade.

– Tu parles! Il n'est jamais malade. Avec ce qu'il s'enfile comme lait...

– On ne va quand même pas manquer la classe rien que parce que Melvin n'est pas à l'heure à son arrêt de car!

Je me carrai contre mon dossier. Il n'y avait pas de réponse possible. Pourtant quelque chose me trottait dans la tête, une crainte non identifiée. Quelque chose n'allait pas, quelque part... Au fait, de quoi parlaient-ils, en remontant de la berge, l'autre jour? D'un palan ou d'un instrument de ce genre... Et si...? Et si l'arbre en travers n'était que la première partie de leur plan? S'ils avaient prévu autre chose?

Les chiffres! Le 1 et le 2 dans un cercle! Les voilà qui s'allumaient comme des clignotants dans ma tête. Fébrile, j'explorai mes poches et en extirpai le mystérieux papier trouvé dans le bureau de Melvin.

– Ce n'était pas un stupide gribouillage! m'écriai-je en le dépliant sur mon genou. La grande croix, ici, c'est là où le ruisseau franchit la brèche. Le chiffre 1, encerclé, c'est là où ils ont mis l'arbre en travers. La première partie de leur programme. Et le grand cercle pas trop rond, là, c'est le lac des castors. Et vous voyez où est le chiffre 2? Vous voyez ce qu'il veut dire? Melvin n'a jamais eu l'intention d'attendre la crue de printemps : il va faire sauter le barrage des castors!

– Il n'oserait pas, dit David qui ne pouvait y croire. Cela reviendrait à inonder entièrement les Arpents.

– Et pourtant, je te parie bien que c'est ce qu'il a l'intention de faire. Pourquoi voudrais-tu qu'il ait besoin d'un palan, sinon?

Je me levai et marchai vers l'avant du car.

– Danny, dis-je, nous permettrais-tu de descendre ici? C'est très important. Nous ne pouvons pas aller en classe aujourd'hui.

– Impossible. Mon contrat spécifie où je dois vous prendre et vous déposer. Je risquerais d'y perdre mon boulot, si je m'amusais à vous déposer n'importe où, à quinze kilomètres de chez vous, comme ici.

– Est-ce que tu ne pourrais pas dire que tu ne nous as pas vus du tout? demanda Paula. C'est très très très important.

Il écouta, méfiant, toute notre plaidoirie, l'affaire de l'arbre en travers et nos craintes pour le barrage des castors.

– Vous voyez, dit Paula, c'est vital pour nous de revenir en arrière.

Danny hocha la tête.

– Je ne peux pas vous déposer ici, dit-il en remettant son moteur en marche. Pas à quinze kilomètres de chez vous. Il faut que je vous ramène moi-même.

12. Ouvrez les vannes!

– Ne t'affole surtout pas, Maman, dis-je d'une voix doucereuse, tandis que nous faisions irruption dans la maison. Si tu sais nager, tu ne risques absolument rien.

– Que me racontes-tu là, John? Et d'abord, pourquoi n'êtes-vous pas à l'école, tous?

– On a de bonnes raisons, tu vas voir. Assieds-toi, et écoute un peu.

Maman écouta nos explications et laissa échapper un gros soupir :

– Oh! que je voudrais que votre père soit

ici! dit-elle. Je me demande si je ne devrais pas téléphoner chez les parents de Melvin.

– Ce serait une riche idée. Dis-leur de l'enfermer à double tour dans sa chambre.

– Non, dans une étable, dit Paula, dont les yeux brillaient. Il y en a une avec un taureau.

– D'un autre côté, réfléchissait Maman, il m'est difficile d'accuser sans preuve. Il y a déjà assez de ressentiments comme ça dans notre entourage, avec cette autoroute.

– Mais John l'a vu coincer ce tronc dans le ruisseau! s'indigna Paula. Et le plan qu'il a trouvé dans le bureau de Melvin, ce n'est pas une preuve, peut-être?

– Melvin sera puni pour l'arbre du ruisseau, dit Maman fermement. Mais pour ce qui est de faire sauter le barrage des castors, je ne veux pas croire qu'il puisse se livrer à pareil acte de malfaisance. D'ailleurs, même s'il voulait le faire, je ne vois pas comment il y arriverait; c'est très solide, un barrage de castors. A propos, j'ai une nouvelle à vous annoncer. J'ai téléphoné ce matin pour joindre votre principal, mais il était absent, et c'est le professeur principal de John que l'on m'a passé à sa place. Il m'a certifié qu'il s'occuperait de Melvin et de ses amis.

Quand je redescendis après m'être changé, je compris que Maman n'allait pas tarder à se fâcher contre nous. Il faut dire qu'Anne braillait. Elle aurait voulu aller à l'école, mais nous l'avions ramenée avec nous, sachant que Maman n'aimerait guère qu'elle soit seule dans le car puis à l'école. Le résultat, maintenant, c'est qu'elle était dans les jambes de Maman et l'empêchait de faire son travail.

Je tentai de passer sur la pointe des pieds, mais je n'étais qu'à mi-chemin de la porte lorsque Maman m'appela sans douceur. Je m'en doutais : elle était fâchée.

– Avant d'aller où que ce soit, vous trois, dit-elle, vous allez me nettoyer l'enclos des cochons. Je comptais le faire ce matin, mais il n'en est plus question, avec Anne pendue à mes basques.

David me lança un regard de biais. Il aurait encore préféré l'école.

– Mais Maman, protestai-je, il faut qu'on aille au barrage. Et ça prend des heures de nettoyer la porcherie.

– Deux heures, dit Maman d'une voix sans réplique. Deux heures si vous ne lambinez pas.

– Autant s'y mettre tout de suite, allons! dit David. Tu peux prendre la grande pelle, génie!

Nettoyer la porcherie, moi, d'ordinaire, je n'ai rien contre. Cela n'a rien de si terrible, une fois qu'on s'est habitué à l'odeur. David, par contre, fait davantage de manières. Il a besoin d'un mouchoir sur le nez, noué sur la nuque et dans le cou.

C'est à travers ce masque de fortune qu'il grommelait sa désapprobation, tout en enfilant ses bottes.

– Ces satanés bêtes puantes, marmonnait-il dans son mouchoir. C'est Melvin qui serait ravi de nous voir! Surtout que, si ça se trouve, il est tout simplement malade!

Sa fureur était si drôle que ni Paula ni

moi ne pouvions plus enfiler nos bottes. Ça, c'était la faute de son masque. Dire qu'il se voulait sérieux, là-dessous! Enfin il s'éloigna, à grandes enjambées furibondes, et Paula retrouva son souffle.

– La prochaine fois, dit-elle, il faudra lui passer un miroir. S'il voyait la touche qu'il a, là-dessous, il en rirait peut-être lui-même!

– Pffou! je n'en peux plus, disait David. Arrêtons-nous un peu.

Dehors, il faisait gris, et l'air était piquant; juste ce qu'il fallait pour rafraîchir instantanément mon front en sueur. Cet air vif était le bienvenu, après la tiédeur moite qui régnait dans l'abri des cochons, et je pris une longue aspiration, bruyante et appliquée, pour me remettre les poumons à neuf. David était de meilleure humeur et n'avait plus l'air aussi grotesque, maintenant qu'il avait ôté son masque de cambrioleur.

– Vous savez, dit-il, pensif, pendant que nous sommes là à travailler, Melvin est peut-être bien au barrage, en train de le démolir.

Cette idée me tarabustait aussi, mais je devinai que David avait une arrière-pensée de désertion.

– Très juste, dis-je. Si j'allais faire un tour là-bas, pour monter la garde, pendant que vous deux vous terminez ici?

– Tiens! Pourquoi toi? Pourquoi pas moi?

– Allons-y chacun notre tour, suggéra Paula. Comme ça, pas d'injustice!

– D'accord, dis-je. Qu'en dis-tu, David?

– Ça me va. Allons-y par ordre d'âge, le plus vieux d'abord.

– Turlututu. On va tirer à la courte-paille. Tu tireras le premier si tu veux.

Je ramassai trois tiges d'herbe sèche et tournai le dos pour les couper selon trois longueurs différentes.

– Vas-y, tire, dis-je à David. Celui qui tire la plus courte y va en premier, et ainsi de suite.

La mine de David s'allongea démesurément lorsqu'il vit le joli morceau qu'il avait tiré. Je sentis son cerveau embrayer la cinquième vitesse pour essayer d'évaluer s'il pourrait ou non échapper à quelques minutes de travail.

– Bye bye, les amis! triomphai-je en exhibant mon petit bout de paille. A tout à l'heure! Dans une heure ou deux!
– Hé là! rugit David, furibond. Pour aller jusqu'au barrage, il y en a pour dix minutes. Aller et retour : vingt minutes. Tu ferais mieux d'être là dans vingt minutes!

Je fus de retour au bout d'une demi-heure, tout heureux de pouvoir les informer qu'il n'y avait au barrage ni signe de vie de Melvin ni signe de sabotage. Rien d'anormal à signaler, et je commençais à me dire que peut-être, après tout, Melvin était bel et bien malade – et que j'avais tout imaginé.

Un peu plus tard, après le départ de Paula au petit trot, David, appuyé sur le manche de sa pelle, entreprit de me donner un cours sur la façon d'étendre sur le sol une litière fraîche. J'étais sur le point de lui conseiller d'aller se faire cuire un œuf lorsque j'entendis Paula qui s'égosillait au-dehors :
– David! John! Venez! Vite! Ils y sont! Ils sont au barrage!
– Va vite le dire à Maman! hurla David

en envoyant sa pelle au diable. Nous, on y va. Vite, John!

Je m'élançai sur ses talons, sans souci des broussailles qui nous égratignaient la peau et tiraient des fils à nos vêtements. Nous foncions comme deux sangliers chargeant à travers les sous-bois. Nous n'avions qu'une idée : le barrage! Il fallait arriver là-bas avant que Melvin ait le temps de l'endommager.

David fut sur place le premier et se mit à l'invectiver comme un chauffeur de taxi pris dans un embouteillage, sans grand effet me sembla-t-il lorsque je débouchai sur les lieux à mon tour.

Melvin était perché sur le barrage, en équilibre instable, debout sur un conglomérat de branchages et de boue que retenait un arbre en travers, légèrement relevé à un bout. Il ne tenait aucun compte de la présence de David et poursuivait imperturbablement sa besogne, qui consistait à arrimer au tronc d'arbre un énorme crochet de métal. De l'autre côté, sur la berge, Gordie essayait de se cacher derrière un buisson.

– Allez, soulève le câble! criait Melvin.

Allez, viens, grouille-toi, Gordie! Et demande à Kev de t'aider!

Gordie sortit à regret de sa cachette, mais Kevin demeurait invisible.

– Il a détalé sitôt qu'il m'a vu, dit David. Mais pour effaroucher les deux autres, tu peux toujours courir!

Gordie attacha le câble auquel était relié le crochet à une sorte de treuil arrimé à un arbre de la berge, et nous les vîmes discuter en gesticulant, tandis que Melvin, quittant le barrage, regagnait la terre ferme. Pour finir, Gordie haussa les épaules et s'éloigna.

– Je te parie qu'on ne le revoit plus, me dit David. Oh! c'est trop bête qu'il n'y ait pas moyen de traverser! J'aurais vite fait de mettre en fuite le Melvin. Si seulement...

Avec des *si*, on ferait bien des choses... Melvin, pendant ce temps-là, avait commencé d'actionner son treuil, et le câble épais, tendu à l'extrême, s'était mis à vibrer. Je m'élançai sur la berge et calculai mentalement le trajet que j'allais faire. J'avais sur moi mon couteau de poche et, en allant assez vite, je pourrais peut-être sectionner ce câble avant que le dispositif eût commis l'irréparable? C'était un peu risqué de garder l'équilibre sur le rebord du barrage, mais il fallait faire quelque chose.

– Hé! mais où vas-tu? hurla David.

– Tronçonner le câble!

– Arrête, crétin! Le barrage va lâcher bien avant que tu aies fini, tu vas te faire tuer! Descends de là, bougre d'idiot!

Il criait à s'en arracher les cordes vocales, et j'hésitai. Que faire? Poursuivre ou renoncer? Mais David venait d'avoir une meilleure idée.

– La balançoire! La balançoire de la baignade!

Un peu plus bas sur le ruisseau, un érable se penchait sur l'eau. Nous y avions, l'été précédent, suspendu une longue corde. Nous nous y accrochions, nous prenions notre élan et nous nous laissions tomber dans l'eau. Mais, avec assez d'élan, elle devait tout aussi bien nous permettre de traverser. Je fis demi-tour et revins précautionneusement sur la rive. David courait déjà vers notre érable et sa corde saute-rivière.

Après avoir enfin traversé, je rejoignis David au barrage. Melvin avait disparu, mais je compris très vite pourquoi : là-bas, de l'autre côté, se tenait un homme. Le Pousse-Coude.

– Qu'est-ce qu'il fait ici? demandai-je.

David était occupé à détacher le treuil et à détendre le câble.

– Je n'en sais rien et je m'en moque, dit-il. Tout ce qui compte, c'est que quelqu'un ait mis en fuite ce saboteur avant qu'il soit trop tard.

N'était-il pas déjà trop tard? Cette question me taraudait. En m'approchant du barrage, je pus constater qu'il était fendillé en plusieurs endroits et que l'eau s'engouffrait rageusement dans les fissures.

– Hé! là-bas, écartez-vous, vite!

Le Pousse-Coude faisait de grands gestes, depuis la rive d'en face, puis je le vis faire reculer de force Maman et Paula qui se tenaient près de lui.

– Le barrage va céder! nous criait-il. Écartez-vous, tous les deux!

Il était temps. Il y eut, dans notre dos, comme un craquement sourd, un déchirement, puis le bruit d'une masse d'eau qui s'engouffre puissamment par la voie ouverte. Une seconde plus tard, je me retournai. Le tronc d'arbre mort venait de se détacher des parois latérales du barrage, emportant avec lui la boue et les branchages agglutinés. L'eau libérée, lourde et puissante, repoussait de côté l'obstacle comme on repousse le battant d'une porte et se ruait, d'une seule masse, comme un torrent furieux.

Melvin avait gagné.

Melvin avait gagné. Je l'avais surveillé, j'avais découvert son plan, je l'avais même surpris en flagrant délit, et pourtant il avait gagné. Je n'avais plus que cette idée en tête, tandis que nous prenions, muets, ne sachant que faire, la direction de la maison.

Notre première rencontre, sur le chemin du retour, fut celle du Pousse-Coude. Il était debout, les poings sur les hanches, au niveau de la brèche où le ruisseau franchit la roche, là où Melvin avait coincé le tronc d'un pin. Tout se passait exactement comme nous le redoutions : les débris du barrage s'amoncelaient sur l'obstacle, en un magma indescriptible. Le nouveau barrage ainsi formé n'avait pas l'étanchéité de celui qu'avaient construit les castors, et une grande partie de l'eau passait au travers en grondant, comme dans une gigantesque écumoire; mais elle ne s'écoulait pas assez vite, pourtant, et le niveau du ruisseau montait, progressivement, jusqu'à déborder déjà de notre côté. A ce rythme-là, dans quelques minutes l'eau gagnerait le camp ojibwa, avant de s'étendre sur l'ensemble des Arpents. Nous en restions cloués sur place, mais le Pousse-Coude s'avança vers nous.

– Merci... merci de votre aide, bredouillai-je. Malheureusement, nous sommes tous arrivés trop tard. Melvin a réussi son coup.

– Je me suis douté qu'il se passait quelque chose quand je me suis aperçu qu'aucun de vous n'était en classe, dit-il. Mais il n'a pas encore tout à fait gagné. Le temps est compté, mais la partie n'est pas jouée...

Il n'en dit pas plus. Il avait l'air grave. A ce moment, Paula et Maman réapparurent. Maman portait une boîte en bois, qu'elle déposa sur le sol avec des précautions infinies, comme s'il s'agissait de son service de porcelaine, et Paula était chargée d'un gros rouleau de corde.

– Qu'y a-t-il, dans cette boîte? demanda David.

– De la dynamite, répondit le Pousse-Coude avec un sourire de satisfaction. Nous allons faire sauter cet obstacle en travers du ruisseau.

Nous suivions ses gestes des yeux, fascinés. Il prit quatre bâtons de dynamite, défit l'emballage de papier sulfurisé qui les enveloppait comme du sucre d'orge – du vilain sucre d'orge d'un jaune sale.

– Votre père avait acheté cela récemment, nous expliqua Maman, tandis que le Pousse-Coude remettait dans la boîte les sucres d'orge douteux, dénudés, et prenait à présent un autre petit paquet. Il comptait s'en servir pour faire sauter des souches d'arbres.

Plein d'appréhension, je consultai David du regard. Le Pousse-Coude était un professeur, pas un expert en dynamitage. Savait-il réellement ce qu'il faisait?

– Je vous demande pardon, monsieur, dis-je, mais... avez-vous déjà souvent manipulé de la dynamite?

Il rit.

– Ne te tracasse pas, John. Je n'en ai pas manipulé *souvent*, comme tu dis, mais j'ai tout de même fait partie d'une brigade de déminage, comme sergent, dans l'armée, et il m'en est resté quelque chose... Regarde : voici les détonateurs.

Il venait de sortir un petit objet métallique avec une borne au bout.

– Tenez, les garçons, poursuivit-il. Vous allez pouvoir vous rendre utiles. Il y a, dans cette boîte, une bobine de fil électrique. Déroulez-en sept mètres et tordez-les en même temps que la corde. Paula, trouve-moi une grosse pierre, s'il te plaît. Une bien lourde.

David et moi nous empressâmes de faire comme il disait, cependant qu'il reliait les extrémités nues de deux fils électriques aux bornes des détonateurs, puis qu'il enfonçait le bout pointu de ceux-ci dans les faux sucres d'orge. Il plaça les quatre bâtons de dynamite dans un grand sac en plastique, par l'ouverture duquel sortaient les fils électriques, et il y plaça aussi la pierre apportée par Paula. Pour finir, il replia le sac sur lui-même, deux fois, et le scella soigneusement avec de la bande adhésive pour le rendre étanche quelque temps.

– Et voilà, dit-il en se relevant. C'est presque prêt.

Il me prit des mains le bout de la corde et l'attacha solidement au paquet avant de relier les fils.

Le ruisseau arrivait maintenant à l'extrême limite de la rive, la dépassant même par endroits, pour former çà et là des flaques qui s'élargissaient de minute en minute. Le Pousse-Coude s'approcha de l'eau, balança son paquet une fois, deux fois, trois fois, et l'envoya d'un coup sec au beau milieu du cours d'eau.

– Apporte la boîte de commande, John, me dit le Pousse-Coude avec un sourire un peu diabolique. Tu vas voir : c'est ici que Melvin perd la bataille.

David avait déroulé la bobine de fil métallique et nous attendait, avec Maman et Paula, de l'autre côté des rochers. Je suivis le Pousse-Coude au milieu de leur petit groupe.

– Tiens, me dit-il en me tendant la clé, après avoir relié les fils à la boîte de commande. A toi l'honneur et le plaisir de réduire à néant le beau programme de Melvin. Baissez la tête et rentrez le cou, tout le monde! Des quantités de saletés vont voltiger dans les airs, et sans doute aussi pas mal d'éclaboussures. Alors, John, prêt?

J'acquiesçai et tournai la clé.

Il y eut comme un bruit de canon et le nouveau barrage céda, libérant des tonnes d'eau et de matériaux divers. C'était indescriptible, des branches et des pierrailles venaient buter contre la roche en une assourdissante bousculade, dans un concert de sons impossibles à identifier. Puis on n'entendit bientôt plus qu'un glouglou régulier, doublé du crépitement tranquille de l'eau qui s'égouttait des arbres et des buissons douchés. Notre petit groupe s'empressa d'aller inspecter la brèche. Le bouchon avait sauté et l'eau s'engouffrait avec impétuosité, comme dans une baignoire qui se vide. Le camp indien était sauvé.

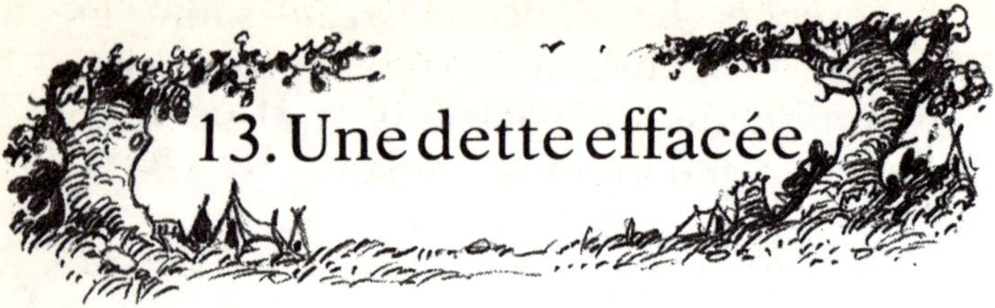

13. Une dette effacée

Les Ojibwas rentrèrent ce jour-là beaucoup plus tôt que d'ordinaire. Nous étions tous dans la maison, en train de reprendre notre calme après tant d'émotions, quand un grand concert d'avertisseurs nous fit mettre le nez dehors. Joe descendait en hâte de la première voiture, et je courus au-devant de lui. Il était fou de joie, et son regard rayonnait de triomphe.

– Nous avons gagné! jubilait-il. Nous avons gagné!

– Pas tout à fait, rectifia son père. La discussion n'est pas terminée sur le point de savoir à qui appartiennent les terres. Mais le tribunal a décrété que l'autoroute ne pouvait pas passer par là tant que ce problème n'était pas réglé. Et comme il y en a vraisemblablement pour des années, le ministère des Transports a décidé de modifier le tracé de l'autoroute.

Johnny Faro poussa un grand cri de victoire et cueillit Paula pour la faire valser dans les airs.

– La victoire! criait-il en riant. C'est la victoire! L'homme rouge a encore gagné!

Le Pousse-Coude se tenait à l'écart, souriant de voir ces explosions de joie, mais Maman le pria de s'approcher; elle voulait le présenter aux Ojibwas. Le chef écouta gravement comment il avait sauvé de l'inondation leur campement provisoire et probablement aussi les Arpents.

– Nous réparerons le barrage des castors, madame, promit le chef. Ou plus exactement, nous aiderons les castors à le réparer. Ce sont eux les meilleurs ingénieurs! D'ici à quelques jours, le ruisseau aura repris son aspect normal. (Il se tourna vers le Pousse-Coude et lui tendit la main.) Nous vous devons un grand merci, dit-il. Ce soir, nous célébrons notre victoire, ici, et nous serions heureux si vous pouviez vous joindre à nos jeunes amis.

Nous avions manqué la classe pour la plus grande partie de la journée, mais lorsque le Pousse-Coude s'offrit à nous conduire dans sa voiture pour les cours de l'après-midi, il fut difficile de refuser. Et Maman le remercia sincèrement. C'était si gentil de sa part!

Paula s'assit à côté de lui à l'avant.

– Et Melvin? demanda-t-elle. Que va-t-il lui arriver, à présent?

– C'est à la police d'en décider, dit-il. Je pense qu'ils seront inculpés pour dommages volontaires. Si c'est leur premier délit, ce que j'espère, ils seront laissés en liberté sous surveillance, avec en plus, sans doute, une certaine amende à payer. Comprends-tu ce que je voulais dire, John, à propos du risque de perdre si on veut gagner à tout prix?

Il me regardait dans le rétroviseur.

– Oui, dis-je. Mais si vous n'aviez pas été là, il aurait gagné tout de même.

– Non, dit-il, non. S'il avait inondé le

camp ojibwa, et si son père avait touché ses cinquante mille dollars, il aurait, sans le savoir, perdu encore davantage... Mais il est jeune, il a encore le temps de changer et d'apprendre à voir les choses différemment.

Paula voulait en savoir plus sur la sanction possible.

– Mais ne risquent-ils pas la prison, pour avoir démoli le barrage des castors? Je croyais que le castor était un animal protégé?

– On n'envoie pas en prison des gosses de votre âge.

– Ah bon!

J'étais heureux que le Pousse-Coude ne connût pas Paula aussi bien que je la connaissais. Elle était déçue, la chipie!

La fête chez les Ojibwas, ce soir-là, fut longue et merveilleuse : des feux de camp, des ripailles, des chants et des danses, des jeux et des luttes, des récits, et encore des ripailles. Puis ce fut la cérémonie. David et moi fûmes proclamés frères de sang des Ojibwas, Anne et Paula furent adoptées par la tribu et, incroyable mais vrai, le Pousse-Coude fut élu membre honoraire du conseil des sages!

A un moment de la soirée, je jetai un coup d'œil sur lui (il était détendu, en grande conversation avec le chef) et je m'aperçus tout à coup que je ne le détestais plus. Je n'avais toujours vu en lui qu'un professeur, une autorité supérieure dont la seule raison d'être était de me rappeler continuellement mon ignorance en mathématiques – rien d'aimable là-dedans, non, vraiment. Mais les événements de ces derniers temps avaient projeté sur lui un éclairage différent, révélant d'autres traits de son personnage, si bien qu'à présent, sans y avoir réfléchi, je voyais en lui un ami.

Plus tard dans la soirée, après que le festin eut pris fin, je restai longtemps assis à regarder danser les flammes, m'imprégnant des joies de cette nuit chaleureuse et confiante. Je sentais dans ma main la petite entaille cuisante que le père de Joe y avait faite, pour la cérémonie qui nous avaient consacrés, David et moi, frères de sang de la tribu. Et cette légère brûlure me le disait, me le répé-

tait : j'étais devenu frère de sang des Ojibwas.

Quelques jours plus tard, une voiture de la police vint aux Arpents, et il nous fallut dire ce que nous savions des faits et gestes de Melvin. Les policiers voulaient tout savoir : qui, précisément, avait abattu le pin qui appartenait à la Compagnie d'exploitation forestière du Sud, qui avait contribué à le mettre en travers de la rivière, si oui ou non Gordie et Kevin avaient participé à la destruction du barrage des castors, et des quantités d'autres détails. Ils prirent le treuil et le câble en guise de pièces à conviction. Pour moi, j'avais déjà l'esprit ailleurs, l'affaire Melvin ne comptait plus guère.

L'action des Ojibwas s'achevait, et je savais que cela voulait dire qu'ils allaient partir. Et je me tourmentais à l'idée de ce que m'avait dit Joe : il allait partir, lui aussi.

Ils ne devaient pas repartir tout de suite. Ils s'étaient donné une semaine, le temps de réparer en divers endroits les rives du ruisseau dévasté, le temps aussi d'abattre des arbres et de les débiter, pour permettre la mise en culture des quatre ou cinq hectares que Papa voulait exploiter.

Je travaillais dans la clairière aux côtés de Joe. Nous étions en train d'émonder un tronc, entourés des bruits et des éclats de voix d'un chantier joyeux où chacun avait le cœur à l'ouvrage. Je venais de m'arrêter pour souffler et contemplais autour de moi le nouvel aspect des Arpents. Là où se dressaient encore, quelques jours auparavant, des bois épais tapissés de broussailles, une vaste portion de nos terres s'offrait maintenant au ciel et au soleil.

Partout des Ojibwas s'affairaient à leur tâche. Mais ce n'était pas seulement pour le travail accompli qu'il était bon de les avoir ici; c'était pour leur présence, leur camaraderie. La pensée de leur départ me faisait mal au cœur. Je me tournai vers Joe, n'y tenant plus.

– Joe, dis-moi. C'est vrai que tu pars avec eux?

– Je te l'ai déjà dit, répondit-il entre

deux coups de hache. Oui, je retourne à la réserve avec mes amis.

– Si tu repars avec eux parce que tu as envie de retourner chez toi, dis-je sans le regarder, j'imagine que nous pourrions venir vous rendre visite et passer quelques jours avec vous, pendant les vacances, dis?

– Oui, j'imagine, dit-il sans arrêter sa hache.

– Mais si tu t'en vas à cause de ce qui s'est passé avant, tu sais, à cause de ce qu'avait dit Papa, eh bien, je voudrais te poser une question. Pourquoi les Ojibwas nous aident-ils comme ils le font en ce moment? Est-ce par amitié, ou pour « rembourser une dette »?

Il s'arrêta net. Il planta sa hache dans le tronc couché et me regarda droit dans les yeux.

– Petit Blanc n'a pas la langue fourchue, me dit-il. Mais petit Blanc a l'esprit fourchu, pour sûr!

Il souriait. Je lui souris en retour.

– Et grand frère rouge a des fourches dans la tête, dis-je en me frappant les tempes. Là, et là!

Ils partirent à la fin de la semaine, dans leurs véhicules bondés, bourrés d'hommes et de matériel de campement. Exactement comme ils étaient venus, à ce détail près qu'ils n'étaient plus des inconnus, mais des amis. Par les vitres baissées, s'agitaient des bras innombrables, des têtes souriantes sortaient, des au revoir joyeux répondaient à nos adieux de la main.

Paula avait déposé sur la joue de Johnny le géant un baiser monumental, et il la salua d'un coup d'avertisseur prolongé, tout en faisant démarrer le gros bus rouge qui menait la caravane. Nous les vîmes s'ébranler, suivre le petit chemin et s'engager sur la grand-route.

– Eh bien, dit Papa après un dernier geste d'adieu, je ne suis tout de même pas fâché que vous ayez gagné votre bataille judiciaire, toi et les tiens, Joe! L'existence a été quelque peu trépidante, ici, ces temps derniers. Je me demande combien de temps cela va rester paisible!

Table des matières

Cet
ouvrage,
le trente-
septième
de la collection
CASTOR POCHE,
a été achevé d'imprimer
sur les presses de l'imprimerie
Brodard et Taupin
à La Flèche
en novembre
1991

Dépôt légal : 1er trimestre 1982.
N° d'Édition : 16768. Imprimé en France.
ISBN : 2-08-161741-2
ISSN : 1147-3533
Loi n° 49-956 du 16 juillet 1949
sur les publications destinées à la jeunesse.